역사 왔수다 3

상상의집

역사 왔수다 3

글 최설희 | **그림** 이진우 | **감수** 김일규
찍은날 2014년 3월 18일 초판 1쇄 | **펴낸날** 2014년 3월 27일 초판 1쇄
펴낸이 김상수 | **기획 · 편집** 고여주, 위혜정 | **디자인** 정진희, 김수진 | **영업 · 마케팅** 황형석, 장재혁
펴낸곳 루크하우스 | **주소** 서울시 성동구 성수 2가 3동 277-58 성수빌딩 311호 | **전화** 02)468-5057~8 | **팩스** 02)468-5051
출판등록 2010년 12월 15일 제2010-59호
www.lukhouse.com cafe.naver.com/lukhouse

ISBN 979-11-5568-028-5 64910
ISBN 979-11-5568-025-4 64910 (set)

※ 잘못된 책은 구입처에서 바꾸어 드립니다.
※ 값은 뒷표지에 있습니다.

상상의집

상상의집은 (주)루크하우스의 아동출판 브랜드입니다.

설화로 읽는 유명한 한국사 이야기

3 조선 시대부터 대한민국까지

역사 왔 수다

글 최설희 | 그림 이진우

감수 김일규 선생님

상상의집

감수의 말

역사는 '이야기'다!

역사가 무엇인지 말한 사람들은 무척 많습니다. 우리보다 먼저 살아간 사람들의 기록이 역사이지요. 역사를 현재와 과거의 대화라고 말한 사람도 있습니다. 우리가 사는 오늘은 모두 과거의 일들과 관계를 맺고 있기 때문입니다. 과거를 통해서 오늘을 배우고, 또 내일을 위해서 무엇을 해야 할 지 생각해볼 수 있습니다.

그런데 더 간단하게 '역사는 이야기다'라고도 말할 수 있습니다. 역사를 처음 만나는 어린이들에게는 이편이 더 좋은 접근일 것입니다. 우리가 좋아하는 옛날이야기처럼 예전에 있었던 신나는 이야기, 즐거운 이야기, 슬픈 이야기들이 역사라고 생각하는 것입니다. 역사를 이야기로 생각하면 어려운 역사 인물들도 이야기 속 주인공이 되고, 역사적 배경도 이야기의 배경이 되어 한결 수월해지지요.

이야기가 된 역사는 이렇게 생생한 조각이 되어 마음속에 살아 있게 됩니다. 이후 전체 역사를 배우면서 역사의 줄기에 이런 조각들을 이어가면 역사에 대한 예쁜 조각보가 됩니다. 만약 전체 역사부터 한국사를 배운다면 외워야 할 용어나 사건으로 느껴졌을 일들도 이야기로 먼저 만나면 한결 풍성하게 느껴지지요.

한국사를 처음 접하게 되는 나이가 점점 어려지고 있습니다. 초등학교 4학년 때 생활사를 배우고 6학년 때 통사를 배우던 기존 교육과정이 바뀌어 이제는 초등학교 5학년에 바로 한국사 통사를 배우게 됩니다. 생활사나 문화사를 전체 역사와 함께 배우게 되면서 역사를 단편적으로 접근하게 될 우려가 있습니다. 그러므로 어린 나이부터 〈역사왔수다〉처럼 역사에 대한 책을 많이 읽어 두면 좋습니다.

이 책은 역사에 나오는 어려운 용어를 풀이하는 것보다 한국사를 배우기 전의 어린이들을 위해 생생한 역사상이 생길 수 있게 하는 것에 중점을 두었습니다. 덕분에 이 책의 제목처럼 역사가 재미있는 수다로 받아들여집니다. 모여 앉아 역사 수다를 나누면서 상상력을 자극하도록 설화와 전설을 소개하고 있지요. 특히 역사상을 파악하는 데 유용한 이야기들을 찾아 구성하여 설화와 전설이 담고 있는 당시 삶의 모습과 시대적 배경을 자연스럽게 몸에 배이도록 한 점이 돋보입니다. 역사에 대한 선입견이 생기기 전에, 이야기로 먼저 만나보는 〈역사왔수다〉와 함께라면 학년이 올라갈수록 의미가 깊어지는 한국사 교과가 어렵지만은 않을 것이라 확신합니다.

감수자 김일규

차례

1 조선이 세워지다 8

조선을 세운 태조 이성계

이야기 하나 더 : 무학대사와 왕십리

함흥으로 간 차사들

이야기 하나 더 : 왕자들끼리의 다툼

세종대왕 이야기

역사 깊이 보기 : 최고의 인재들이 모인 집현전

조선 최고의 과학자, 장영실

역사 깊이 보기 : 세종대왕의 하루

청백리 황희

이야기 하나 더 : 맹사성의 공당놀이

힘으로 왕이 된 세조

이야기 하나 더 : 신숙주를 구한 눈치 빠른 한명회

사육신과 생육신

역사 깊이 보기 : 세조는 어떤 왕이었나?

억울하게 처형당한 남이 장군

역사 깊이 보기 : 조선의 역사를 여는 문 〈조선왕조실록〉

주정뱅이 손순효 대감

역사 깊이 보기 : 나라를 다스리는 최고 법전 〈경국대전〉

난폭한 왕, 연산군

역사 깊이 보기 : 조선의 의적 3인방

조선을 개혁한 조광조

역사 깊이 보기 : 조선의 교육기관-서원

퇴계와 율곡

역사 깊이 보기 : 붕당정치와 사화

2 조선을 휩쓴 전쟁 60

임진왜란

이야기 하나 더 : 붉은 옷을 입은 장군, 곽재우

이순신과 거북선

양씨 부인 이야기

이야기 하나 더 : 권율의 행주대첩

오성과 한음

조선을 짓밟은 청나라

송시열과 충청 부사 이야기

역사 깊이 보기 : 청나라 정벌의 꿈

3 서민 문화의 발달과 신분제 변화 86

영조와 사도세자

이야기 하나 더 : 어린 세손을 도운 홍국영

백성을 위한 학문을 연구한 정약용

역사 깊이 보기 : 조선의 문화를 꽃피운 정조

박지원의 열하일기

역사 깊이 보기 : 외국에서 조선에 들어온 것들

조선을 그린 화가들

역사 깊이 보기 : 조선의 화가라면 조선을 그려야지

대동여지도
역사 깊이 보기 : 누구나 가질 수 있는 조선의 지도
백정의 조카가 된 어사 박문수
박색고개 전설
역사 깊이 보기 : 양반을 비웃는 백성들
노비 막동이 이야기
이야기 하나 더 : 추노 설화

4 척화와 개화 120

억울해서 못 살겠다
이야기 하나 더 : 방랑시인 김삿갓
나라의 문을 굳게 닫아라
역사 깊이 보기 : 서학과 동학
사흘 만에 끝난 꿈, 갑신정변
역사 깊이 보기 : 강화도 조약
녹두 장군 전봉준
고종 황제와 명성황후
역사 깊이 보기 : 갑오개혁과 단발령

5 일제 강점기 142

나라를 잃다
역사 깊이 보기 : 일본의 만행을 알려라
손가락을 잘라 독립을 맹세하다
이야기 하나 더 : 조국의 독립을 위해서라면-윤봉길
대한 독립 만세!
역사 깊이 보기 : 그 날이 오면
우리글, 한글
역사 깊이 보기 : 역사를 잊은 민족에게 미래는 없다
식민지 백성의 고통
역사 깊이 보기 : 나라 밖에서 벌어진 독립운동
독립운동의 역사, 백범 김구

6 광복과 분단 168

반으로 잘린 나라
역사 깊이 보기 : 친일파들은 어떻게 되었을까
민족의 비극, 6 · 25 전쟁
역사 깊이 보기 : 처참했던 부산 피난살이

● 한눈에 보는 역사 수다 178

1

조선이 세워지다

고려는 나라 안팎으로 무척 혼란스러웠어. 이 때문에 나라의 문제점을 고쳐 나가자는 의견과 아예 새 나라를 세우자는 의견이 맞섰지. 결국 고려의 뛰어난 장군이었던 이성계를 왕으로 한 새로운 나라가 세워졌어. 500년 가까이 이어져 오던 고려가 역사 속으로 사라졌고, 새 나라 '조선'이 이 땅에 뿌리를 내렸단다.

조선

조선을 세운 태조 이성계

고려 말, 이성계는 전쟁터에 나가는 족족 승리했어요. 고려 최고의 장군이라 불릴 만했지요.

어느 날 이성계는 이상한 꿈을 꾸었어요. 낡은 집에 들어가 지붕을 받치고 있던 서까래 세 개를 짊어지고 나오는데, 꽃잎이 우수수 떨어지고 거울이 깨지는 꿈이었어요.

"꿈이 불길하니 무학대사를 찾아가 물어보아야겠군."

무학은 이성계의 꿈 이야기를 듣고 빙그레 웃었어요.

"축하할 일이옵니다. 낡고 무너질 것 같은 집은 지금의 고려를 뜻하고, 장군께서 등에 서까래 세 개를 짊어진 모습은 '왕(王)' 자와 같습니다. 꽃이 떨어지면 열매를 맺을 것이고 거울이 깨지면 소리가 날 것이니, 이는 모두 좋은 징조입니다."

이성계는 왕이 될 꿈이라는 말에 크게 기뻐했어요.

이 무렵 명나라는 고려에게 북쪽 땅을 내놓으라며 협박해 오고 있었어요. 고려의 우왕은 요동 지역을 넘보는 명나라를 먼저 공격하자고 했지요.

"전하! 아뢰옵기 황송하오나 고려는 명나라를 치기에는 작은 나라이며, 때도 좋지 않사옵니다."

이성계는 반대했지만 우왕의 명령을 거역할 수는 없었어요. 이성계는 5만 군사를 이끌고 요동 정벌에 나섰어요. 그런데 가는 도중에 큰 비를 만나 위화도에 잠시 머물렀어요. 이성계는 장맛비에 불어난 압록강 강물을 보며 결심했어요.

"이대로 무리한 전투를 벌인다면 군사들은 힘을 쓰지도 못하고 패배할 것이다. 나라와 백성을 제대로 보살피지 못하는 왕은 필요 없다. 왕을 몰아내고 나라를 구하자. 군사들이여, 말머리를 돌려라! 우리의 목표는 개경이다!"

이즈음 고려 곳곳에서는 기이한 노래가 떠돌고 있었어요.

"목자가 나라를 차지한다네. 목자가 나라를 차지한다네."

아이, 어른, 노비, 양반 가리지 않고 따라 부르던 이 노래의 '목자(木子)'는 이(李)씨 성의 이성계를 가리키는 말이었어요.

이성계는 개경으로 돌아와 우왕을 왕의 자리에서 끌어내렸어요. 이성계가 고려의 최고 권력이 되고, 4년 뒤 새나라를 세웠어요.

얼마 후 명나라로부터 한 통의 편지가 왔어요.

"전하를 새 왕으로 인정한다는 내용으로, 새 나라의 이름이 무엇이냐고 묻습니다."

"단군조선의 뜻을 잇는 '조선'과 내 고향인 '화령', 둘 중에 무엇을 나라 이름으로 하면 좋을지 명나라에 물어보자꾸나."

이런 내용의 편지를 가져간 사신이 다음 해에 명나라의 답변을 들고 돌아왔습니다. 명나라의 답변은 이러했지요,

"새 나라의 이름으로는 그 유래가 깊은 '조선'이 좋다. 하늘의 뜻을 받들고 백성들을 잘 다스려 길이 번성하라."

이렇게 새 나라의 이름은 '조선'이 되었습니다.

우리나라 이름을 짓는데 명나라에 물어보다니, 좀 웃기지? 명나라와 조선의 관계가 어떻게 펼쳐질지 짐작이 돼!

언제 무슨 일이? 1392년 이성계가 조선을 세움

이성계는 새 나라의 이름을 '조선'이라 하고, 나라의 기틀을 바로잡으려 노력했어요. 우선 도읍을 개경에서 한양으로 옮기고, 궁궐과 종묘, 사직, 관청들을 지어 도읍지로서의 모습을 갖추어 나갔답니다.

이야기 하나 더

무학대사와 왕십리

조선이 세워지고, 이성계는 승려인 무학대사에게 고민을 털어놓았어요.

"고려의 도읍인 개경은 여전히 고려 왕족과 귀족들의 힘이 강하오. 하여 내 뜻을 제대로 펼칠 수가 없소. 그러니 새 나라에 걸맞은 도읍지로 어디가 좋을지 대사께서 알아보아 주시오."

왕의 명령을 받은 무학은 나라 구석구석을 샅샅이 돌아다녔어요. 그러던 어느 날, 마음에 쏙 드는 곳을 찾았어요. 고려 때 개경 다음으로 번창한 '남경'이라는 도시였지요. 이곳이 훗날 '한양'으로 이름이 바뀌어요. 한강이 굽이굽이 돌아 물을 구하기 쉽고, 뱃길이 통하며, 산이 둘러싸고 있어 적의 침입도 막을 수 있었어요.

"그래! 이곳을 도읍으로 하고, 궁궐을 지어야겠다."

이때 주변에서 밭을 갈던 한 노인이 소를 매질하며 꾸짖었어요.

"이놈의 소야! 어찌 이리 미련하기가 무학 같으냐!"

무학은 어리둥절해 노인에게 다가가 말의 뜻을 물었어요.

"무학이 새 도읍지를 찾는다는데, 좋은 곳을 가까이 두고도 엉뚱한 곳만 다니고 있으니 미련하다는 거요."

"그렇다면 어르신, 혹시 이곳보다 더 좋은 터를 알고 계십니까?"

"이곳에서 10리쯤 더 가면 알 수 있을 것이오."

노인은 이 말을 남기고는 사라져 버렸어요. 무학이 걸음을 재촉해 10리를 더 가자 과연 산이 아늑하게 둘러싼 넓은 평지가 나타났어요. 이곳이 지금의 경복궁이 세워진 곳이라고 전해져요. 한편, 무학이 노인을 만난 곳은 '왕십리(往十里, 10리를 가다)'라고 불리게 되었답니다.

함흥으로 간 차사들

정도전과 이방원은 조선을 세우고 기틀을 다지는 데 큰 공을 세웠어. 그러나 두 사람은 나라가 세워진 뒤에는 서로 등을 돌리게 돼.

태조 이성계는 건강이 급격히 나빠졌어요. 전쟁터에서 호랑이처럼 용맹하던 그가 병을 이기지 못하고 자리에 눕고 말았지요.

태조의 힘이 약해지자 기다렸다는 듯이 이빨을 드러내는 이가 있었어요. 태조의 아들, 이방원이었어요.

"정도전이 조선을 세우는 데 큰 공을 세운 건 잘 알고 있다. 하지만, 아버지를 꾀어 이복동생 방석을 왕의 후계자로 정하려 한다. 정도전을 없애고 아버지의 뒤를 이어 조선의 왕이 될 것이다!"

이방원은 자신을 따르던 사람들을 모았어요. 그러고는 왕이 되는 데 걸림돌이 되는 정도전을 죽인 후 이복형제인 방석과 방번의 목숨까지 빼앗아 버렸어요.

태조는 이 일을 알고 땅을 치며

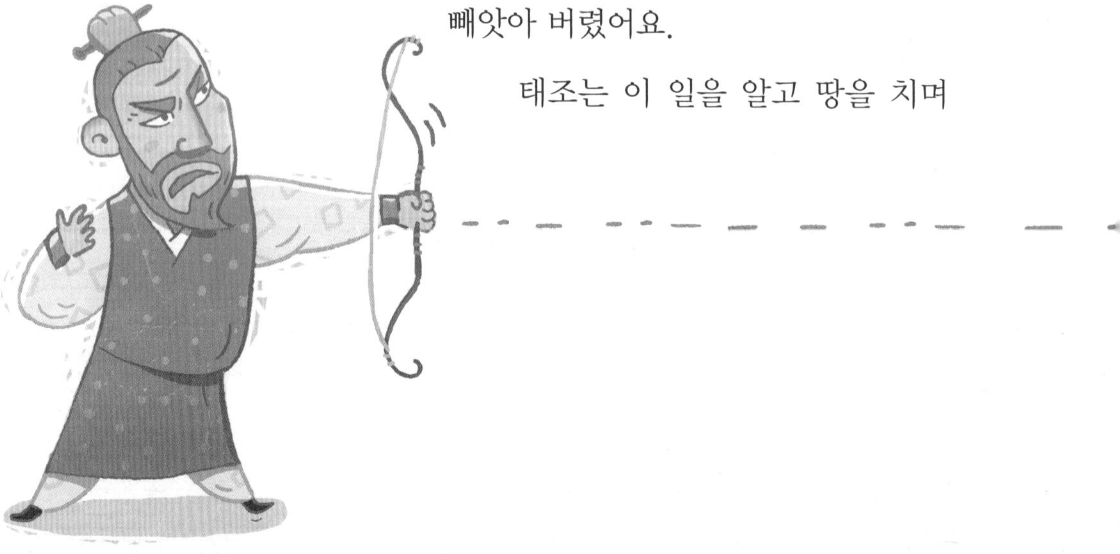

통곡했어요.

"새 나라를 함께 꿈꾸던 사람들을 모두 잃었구나. 방원 네 이놈!"

태조는 곁에서 자신을 돕던 사람들을 모두 잃고 큰 슬픔에 빠졌어요. 이들 없이는 나라를 이끌어 갈 힘도 낼 수 없었어요. 결국 쫓겨나듯 왕의 자리를 내놓고, 한양을 떠나 고향인 함흥으로 돌아갔습니다.

시간이 흐르고 방원은 조선의 세 번째 왕, 태종이 되었어요. 태종은 아버지를 내쫓고 왕이 되었다는 말을 듣고 싶지 않았어요. 그래서 아버지를 한양으로 다시 모셔오고자 했지요.

"여봐라, 함흥으로 차사를 보낼 준비를 하라. 아버지께 안부를 여쭙고 한양으로 모시겠다고 전하거라."

태종의 명령을 받아 차사가 함흥에 도착했어요. 차사는 태조 앞에서 무릎을 꿇고 외쳤습니다.

'차사'는 임금이 중요한 임무를 위하여 파견하던 임시 벼슬이야.

"전하의 명을 받들어 왔습니다. 옥체는 무탈하신지……."

차사의 말이 채 끝나기도 전에 태조가 벼락처럼 외쳤습니다.

"권력을 위해 아버지를 밀어내고 형제들을 죽인 놈이 감히! 어떤 호의도 받아들이지 않을 것이다!"

순간, 공기를 찢는 날카로운 소리가 들렸어요. 사람들은 눈앞에서 벌어진 일에 입을 다물 수 없었어요. 태조가 쏜 화살에 차사가 쓰러지고 말았어요.

한편, 한양에서는 함흥으로 보낸 차사가 연락이 없자 의아하게 여겼습니다.

"이상한 일이로구나. 함흥에 차사를 다시 보내도록 하라."

이번에도 차사는 태조에게 목숨을 잃었어요. 태종은 그 뒤로도 여러 차례 차사를 보냈어요. 하지만, 태조는 그들을 잡아 가두거나 죽여 버렸습니다.

"차사가 함흥에만 가면 소식이 끊어지니 어찌 된 일인가?"

급기야 태종은 무학대사를 보내 아버지를 설득했어요. 그제서야 태조는 한양으로 돌아왔어요.

이때부터 '함흥차사(咸興差使)'라는 말이 생겨났어요. 이 말은 심부름을 가서 오지 않거나 늦게 오는 사람을 이르는 말로 쓰이고 있어요.

언제 무슨 일이? 1400년 조선의 3대 왕 태종 즉위

조선 초, 태종이 힘으로 왕의 자리에 앉으면서 왕실에는 한바탕 혼란이 일었어요. 왕이 된 태종은 혼란을 수습한 후 왕권을 강화해 나라의 모든 일이 왕을 중심으로 이루어지게 하였어요. 그의 노력 덕택에 조선은 나라의 기틀을 다져갈 수 있었답니다.

이야기 하나 더

왕자들끼리의 다툼

태조의 다섯째 아들 방원은 이복동생이자 제일 어린 방석이 왕의 후계자가 되는 것을 용납할 수 없었어요. 하지만 아버지인 태조가 정한 거라 반박할 수가 없었지요. 그렇게 분을 삭이던 방원에게 기회가 찾아왔어요. 아버지가 병을 얻어 힘이 약해진 거예요. 자신이 거느리던 병사들을 동원해 정도전 무리와 이복형제인 방석과 방번을 모두 없애 버렸어요. 하지만 바로 왕이 될 속셈을 드러내지는 않았어요.

"왕이 되려고 정도전과 형제들을 죽인 사실을 알면 아버지께서 나를 얼마나 미워하실까. 지금은 때가 아니니 기다려야겠어."

이방원의 예상대로 태조 이성계는 크게 상심해 왕의 자리를 내놓고 물러났어요. 방원은 형인 방과를 다음 왕으로 내세웠지요. 동생에게 떠밀려 왕이 된 조선의 두 번째 왕, 정종이었어요.

정종은 허수아비 왕이었어요. 나약한 데다 아들이 없어 후계자를 내세울 수도 없었어요. 그러자 정종의 형제들이 다시 왕의 자리를 욕심냈어요. 방원의 앞을 가로막은 것은 태조의 넷째 아들 방간이었어요.

"나라고 왕을 하지 말라는 법은 없지. 동생 방원의 힘이 세기는 하지만 내가 먼저 공격하면 승리할 수 있어."

방간 또한 자신이 거느리던 병사들을 모아 방원을 죽이려 했어요. 방원은 급작스레 공격을 받았지만 방간을 물리쳤어요.

이제 조선에서 감히 방원을 위협할 사람은 없었어요. 왕의 자리를 놓고 왕자들끼리 벌인 싸움에서 모두 승리했으니까요. 그는 조선의 세 번째 왕 태종이 되었고, 강력한 왕권을 바탕으로 조선을 다스렸어요.

조선

세종대왕 이야기

이야기 하나

“세자저하, 제발 책 좀 그만 읽으세요. 또 책을 읽은 걸 전하께서 아신다면 크게 화를 내실 것입니다.”

신하들이 간절하게 부탁했지만 충녕은 꿈쩍도 하지 않았어요.

“책이 눈앞에 있는데 어찌 안 읽나요? 아바마마께는 들키지 않게 할 테니 걱정하지 마세요.”

충녕은 태종의 셋째 아들이에요. 태종은 학문에 대한 열의가 높고, 성품이 인자한 충녕을 마음 깊이 아꼈어요. 그런데 충녕은 책 읽기를 너무 좋아했어요. 하루 종일 책만 읽는 충녕이 걱정된 나머지 태종은 이렇게 명령했어요.

“왕자가 더는 책을 읽지 못하도록 책을 모두 빼앗아라!”

그러나 충녕은 몰래 책을 숨겨 두었다가 병풍 뒤에서 읽곤 해 신하들을 안절부절하게 했답니다.

이런 충녕과 다르게 왕의 뒤를 이어야 할 첫째 아들 양녕은 놀기만 좋아했어요. 글공부보다는 사냥을, 나랏일보다는 먹고 마시는 일에만 관심이 있었어요. 이쯤 되자 태종은 양녕 대신 충녕에게 왕의 자리를 물려주고자 했어요.

그러자 신하들이 근심어린 얼굴로 이야기했어요.

"전하, 조선의 법도를 따르자면 맏아들이 왕이 되어야 하옵니다. 백성들이 본받도록 앞장서야 할 전하께서 나라의 법도를 어기시겠다니요. 있어서는 아니 될 일이옵니다."

태종은 흔들리지 않았어요.

"충녕의 능력이 뛰어나다는 걸 다들 잘 알지 않소. 조선이 바르게 서야 나라의 법도도 있는 것이오. 이 나라를 바르게 세울 자가 있다면 그 자가 바로 충녕이오."

이렇게 충녕은 조선의 네 번째 왕이 되었어요. 그가 바로 세종대왕입니다.

이야기 둘

세종대왕은 백성을 사랑하는 왕이었어요.

"나라의 근본은 백성이다. 백성들이 굶주리지 않고 배부르게 먹으려면 무엇보다 농사가 잘 돼야 한다."

"예, 전하. 중국의 농사 책을 바탕으로 백성들에게 농사 지식을 알리고 있습니다."

세종은 신하의 말이 탐탁지 않았어요.

"우리나라와 중국은 날씨도, 땅도 다르거늘 어찌 다른 나라의 농사법을 따른단 말이오. 더 나은 방법을 찾도록 하시오."

세종은 전국 각지의 실력 있는 농사꾼들에게 농사짓는 방법을 알아오라고 했어요. 그러자 조선 땅 곳곳에서 농사짓는 방법을 적어 올렸지요. 세종은 학자들과 함께 농법을 정리해 〈농사직설〉이라는 책을 만들었어요.

세종은 경복궁 뒤뜰에 밭을 일구고, 책에 적힌 대로 직접 농사를 지어 보기도 했어요.

"전하, 체통을 지키시옵소서! 백성들이 전하께서 호미질이나 하신다는 걸 알고 전하를 가벼이 여길까 염려되옵니다."

"책에 적힌 대로 직접 해 보아야 잘 되는지, 안 되는지 알 것 아니오."

세종은 이렇게 완성한 〈농사직설〉을 나라 곳곳에 배포했어요. 그 결과 백성들은 이전보다 수확량이 늘어 함박웃음을 지을 수 있었답니다.

세종은 집현전 학자들과 함께 연구한 내용을 책으로 펴냈어. 〈농사직설〉뿐만 아니라 〈향약집성방〉, 〈삼강행실도〉, 〈세종실록지리지〉 등 다양한 분야의 책을 펴내 학문의 발전을 이끌었지.

이야기 셋

세종은 잠시도 손에서 책을 떼지 않았어요. 때문에 역사, 철학, 과학, 문학 등을 모두 꿰뚫는 식견을 지니고 있었지요.

또한 여러 방면에서 뛰어난 학자들을 뽑아

'집현전'에서 학문에 전념하도록 했어요. 우수한 인재들과 함께 연구한 내용은 나랏일에 반영되어 나라가 발전하는 데 큰 보탬이 되었어요.

그런 세종에게 큰 고민이 생겼어요.

'집현전에서 학자들과 연구한 바를 책으로 펴내기는 하나, 백성들이 글을 몰라 읽지 못하니 이게 다 무슨 소용이란 말인가?'

세종은 큰 뜻을 품게 되었어요. 백성들이 쉽게 읽고 쓸 수 있는 글자를 만드는 일이었지요. 세종은 나랏일을 세자에게 맡기고 글자를 연구하는 일에 온 힘을 쏟았어요. 집현전의 학자들과 함께 중국, 일본, 몽골뿐 아니라 머나먼 인도, 티베트 등 여러 나라의 언어를 연구했어요.

1443년, 세종은 〈훈민정음〉을 세상에 알렸어요. 훈민정음은 '백성에게 가르치는 바른 소리'라는 뜻이에요. 세종은 〈훈민정음〉의 머리말에 이렇게 썼어요.

나라의 말씀이 중국과 달라 문자로 서로 통하지 못하기 때문에 백성이 말하고자 하는 것이 있어도 뜻을 펴지 못하는 사람이 많

다. 내가 이를 가엾게 생각하여 새로 스물여덟 글자를 만드니 사람들이 쉽게 익혀 편리하게 쓰기를 바란다.

그러자 새로운 글자를 반대하는 의견이 빗발쳤어요.

"전하, 백성들이 글을 알게 되면 골치가 아플 것입니다!"

"중국의 글자를 따르지 않으면 중국의 미움을 살 것입니다!"

세종은 언제나 신하들의 의견에 귀를 기울였지만, 이번만큼은 뜻을 굽히지 않았어요.

세종의 훌륭한 업적들은 모두 한마음에서 출발했어요. 백성을 사랑하는 마음이지요. 백성들이 글자를 알고 더 나은 삶을 살 수 있도록 도우려 했던 세종의 어진 마음이 있었기에 지금 우리가 쉽고 아름다운 한글을 사용할 수 있는 거랍니다.

'한글'이라는 이름은 1900년대에 국어학자 주시경이 붙인 이름이야. '한글'은 '위대하고 하나밖에 없는 글자'라는 뜻이래.

언제 무슨 일이? 1446년 세종대왕, 훈민정음 반포

태종이 왕권을 강화하고 나라의 기틀을 다시 세운 덕에 세종은 나라를 안정되게 운영할 수 있었어요. 이런 바탕 속에서 세종은 인재를 키우고, 학문을 연구하며, 다양한 분야에서 눈부신 성과를 이룩할 수 있었지요. 우리 글자인 '한글'이 태어난 것도 이때입니다.

역사 깊이 보기

조선 최고의 인재들이 모인 집현전

한글 창제, 측우기와 자격루의 발명, 대마도 정벌, 세금 개혁 등 세종대왕의 업적은 다 나열하기도 힘들 정도로 많아요. 이 많은 성과를 이룩할 수 있었던 것은 세종의 능력과 함께 집현전의 뛰어난 학자들이 있었기 때문이에요.

세종은 집현전을 학문 기관으로 만들고, 문과에 급제한 인재들을 집현전에 모았어요. 조선 최고의 인재들이 집현전에 모여 학문을 연구하고, 이 내용을 나라의 정책을 세우는 데 반영했지요.

세종이 집현전 학자들을 얼마나 아꼈는지 알 수 있는 일화가 있어요.

"늦은 시간인데도 집현전에 불이 켜져 있더구나. 집현전의 학자들이 그토록 열심히 학문을 닦는데, 임금 된 자가 어찌 먼저 잠을 청하겠느냐. 집현전에 불이 꺼지면 내게 알리거라."

새벽을 지나 첫 닭이 운 뒤에야 신하가 세종을 찾았어요.

"집현전에 있던 학자가 이제야 잠이 들었습니다."

세종은 자신의 옷을 벗어 신하에게 건네며 몰래 덮어 주고 오라고 했어요. 잠에서 깬 학자는 임금의 정성에 감명받아 더욱더 학문에 열중했다고 합니다.

세종은 집현전 학자들이 학문에만 열중할 수 있도록 했고, 세종의 든든한 지원을 받은 학자들은 옛 제도를 연구해 나라에 필요한 정책들을 내놓았어요. 또한 의술과 천문학, 과학, 역사 등 학문과 문화 전반에 걸쳐 많은 성과물을 내놓았지요. 이로써 조선의 학문과 문화가 활짝 꽃피울 수 있었답니다.

조선

조선 최고의 과학자, 장영실

"장영실에게 관직을 주려 하오."

세종이 말하자 신하들은 눈을 동그랗게 떴어요.

"전하, 장영실 그자가 손재주가 있어 궁에서 일한다고는 하나, 본디 노비였던 자입니다. 그런 자에게 벼슬까지 주신다니요. 전하께서 신분 질서를 어지럽히실까 심히 염려되옵니다."

"신분 질서가 백성들의 배를 불려 줄 수 있소? 내 목표는 백성들이 더 잘 사는 것이고, 그러려면 과학이 발전해야 하오. 또한 과학은 학문만 닦는다고 될 일이 아니라 기술이 뒷받침되어야 하오. 이를 능히 해낼 자는 장영실뿐이니 곁에 두려는 것이오."

이번에도 신하들은 세종의 뜻을 꺾을 수 없었어요. 세종은 장영실과 머리를 맞대고 조선에 필요한 것들을 연구했어요.

"시간을 정확히 알면 더 편리할 텐데. 조선에는 아직 제대로 된 시계가 없구나."

"전하, 제가 아는 것은 많지 않으나 필요한 것이 있으면 이 두 손으로 만들어 내는 재주가 있습니다. 제가 시계를 만들어 보겠습니다."

세종은 장영실에게 시계를 만들라고 명령했어요. 조선보다 문물이 더 발전한 중국에 가서 앞선 기술을 배울 수 있도록 배려해 주기도 했지요.

> 이때에는 주로 해시계를 사용했어. 하지만 해시계는 흐린 날이나 밤에는 사용할 수 없었어.

장영실은 10년 가까이 물시계를 만드는 일에 매달렸어요. 그리고 마침내 중국에서 사용하는 것보다 더 정확하고 편리한 물시계를 만들었어요.

"오오, 드디어 물시계를 완성했구려! 물방울이 일정한 간격으로 떨어져 통에 채워지면 시각을 알리는 종소리가 난다니! 사람이 일일이 시각을 알리지 않아도 되니 참으로 편리하도다!"

"성은이 망극하옵니다, 전하."

장영실이 만든 물시계인 '자격루'는 경복궁 안에 세워졌어요. 자격루를 처음 보는 사람들은 그 정확함에 놀라 입을 다물지 못했어요.

"매 시각이 되면 인형이 튀어나와 종을 치다니, 그것 참 귀신같구려."

장영실은 해시계인 '앙부일구'도 만들었어요. 이 앙부일구는 백성들이 많이 다니는 종묘 앞에 세워 놓아 누구라도 시간을 알 수 있게 했어요.

장영실은 이밖에도 다양한 물건을 발명했어요.

"요상하게 생긴 이것은 무엇이냐?"

"이것은 천문 관측 장비인 '혼천의'라 하옵니다. 혼천의로 하늘의 움직임을 알 수 있으니 농사에 큰 도움이 될 것입니다."

천문 관측이란 별의 움직임 등 하늘의 다양한 변화를 관찰하는 걸 말해. 천문 관측을 통해 계절과 날씨의 변화를 알 수 있었고, 이는 농사를 잘 짓는 데 큰 도움이 되었지.

물시계인 자격루, 해시계인 앙부일구, 천문 관측 기구인 간의와 혼천의, 강물의 깊이를 재는 수표, 구리 활자인 갑인자 등 세종 때에는 이전에 없던 과학기기들이 쏟아져 나왔어요. 세종의 후원 아래 장영실의 손에서 만들어진 이 발명품들이 조선의 발전을 크게 앞당겼답니다.

언제 무슨 일이? 1434년 장영실이 자격루 발명

세종이 남긴 수많은 업적은 그를 도왔던 실력 있는 신하들이 있었기 때문이에요. 세종은 능력이 있다면 신분을 가리지 않고 일할 수 있도록 해 주었어요. 당시로서는 파격적인 정책이었지요. 그중 노비 출신의 장영실은 단연 빛나는 조선의 최고 과학자였어요.

역사 깊이 보기

세종대왕의 하루

조선의 왕은 나라의 모든 일을 결정해야 했기 때문에 그만큼 하루를 바쁘게 보내야 했어요.

먼저 아침 해가 뜨기 전에 일어나 왕대비와 대비를 찾아뵙고 아침 문안 인사를 드려요. 그리고 '경연'에 나가 신하들과 토론을 하며 공부를 하지요. 아침 경연이 끝나면 아침 식사를 해요. 세종은 먹는 것을 좋아했는데, 특히 고기를 좋아했대요. 고기가 없으면 밥을 먹지 않을 정도였다고 해요.

아침 식사를 하고 나면 본격적인 하루 일과가 시작돼요. 영의정, 좌의정, 우의정과 함께 조회를 한 뒤, 각 행정 부서의 관리들로부터 업무 보고를 받아요.

이렇게 바쁜 아침을 보낸 뒤 점심 식사를 하고는 다시 경연을 열어 공부를 해요. 오후에는 지방에서 벌어진 일들을 검토하고 왕에게 올라온 상소문을 살피며 백성들의 목소리를 듣지요. 왕의 업무가 끝나면 다시 저녁 경연에 참여해 공부를 해야 해요.

저녁 식사가 끝나면 오후 8시쯤 돼요. 잠자리에 들기 전에 다시 왕대비와 대비를 찾아뵙고 저녁 문안 인사를 드려요. 이로써 왕의 하루는 끝이 나요. 세종은 잠자리에 들기 전까지 책을 읽었다고 해요.

세종은 다양한 학문에 관심이 많아 지식 또한 넓고 깊었어요. 신하들과 경연하는 것을 무척 즐겼고, 수라상을 물린 뒤에도 책을 읽었다고 해요. 하지만 운동을 싫어해 궁궐 안에서도 걷지 않고 가마를 타고 다녔대요. 그런 탓에 세종은 몹시 뚱뚱했을 뿐 아니라 온갖 병에 시달렸다고 합니다.

조선

청백리 황희

황희가 젊었을 때의 이야기예요.

논길을 걷던 황희가 가던 길을 멈추고 잠시 앉아 쉬고 있었어요. 논에서는 농부가 소 두 마리를 부리며 일을 하고 있었어요. 호기심이 인 황희가 농부에게 물었어요.

"여보시오. 소 두 마리 중에 어느 놈이 일을 더 잘하오?"

농부는 머리를 긁적이더니 황희에게 다가와 귀에 대고 속삭였어요.

"저 누런 소는 일도 잘하고 말도 잘 듣는다오. 그러나 검은 소는 일도 못하면서 게으르기까지 하다오. 부려 먹기가 아주 힘들다오."

황희는 농부의 행동이 의아해 다시 물었어요.

"그런데 무엇 때문에 여기까지 와서 귓속말을 하는 거요? 거기서 크

게 말하면 될 것 아니오?"

"거 모르시는 말씀. 아무리 말 못하는 짐승이라도 제 흉을 보는데 좋아할 리 있겠소. 그러니 저놈에게 들리지 않게 해야지."

황희는 농부의 말에 깨닫는 바가 있어 무릎을 탁 쳤어요.

'그래, 글 한 자 배우지 못한 농부도 짐승의 마음을 헤아리는데, 나는 저 농부만도 못하니 어찌 벼슬자리에 앉아 나랏일을 하며 백성들의 마음을 헤아리겠는가!'

황희는 깨달은 바를 마음 깊이 새기고, 이를 실천에 옮겼어요. 그런 까닭에 어질고 지혜로운 신하가 되어 태조부터 세종까지 네 명의 왕을 모실 수 있었지요.

황희는 높은 벼슬에 있으면서도 재물에 욕심이 없어 평생을 가난하게 살았어요. 그가 병을 얻어 죽음을 앞두게 된 어느 날이었어요. 황희의 부인이 이런저런 걱정에 혼잣말을 했어요.

"우리 딸들이 혼기가 차 시집을 가야 하는데, 옷 한 벌 지어 입힐 돈이 없구나."

부인의 걱정을 헤아린 황희가 입을 열었어요.

"부인, 딸들의 혼수는 광대 바우가 해결할 테니 걱정 마시오."

황희는 알 수 없는 말을 남기고 세상을 떠났어요.

그로부터 몇 해 뒤, 세종이 궁궐에서

잔치를 벌였어요. 각 고을에서 소문난 광대들이 온갖 공연을 벌였지요. 그중 바우라는 광대가 여인네 치마를 펄럭이며 괴상한 춤을 추었답니다.

"황희 정승 댁은 지독하게 가난하다더니 치마 하나를 마님이 입었다가 딸들이 입었다가 한다는구나!"

공연을 보던 사람들은 낄낄대며 웃었지만 황희의 성품을 잘 알고 있던 세종은 웃을 수가 없었어요.

"광대가 부르는 노래란 게 백성들 입에 오르내리는 일이거늘……. 황희 정승에 대한 노래가 저리 불리니 마음이 편치 않구나."

얼마 뒤 세종은 황희의 딸들이 혼수를 마련하지 못해 혼례를 치르지 못하고 있다는 사실을 알게 되었어요. 세종은 그들의 처지를 가엾이 여겨 그 즉시 혼수를 마련해 주었다고 합니다.

언제 무슨 일이?

조선은 엄격한 신분 사회였어요. 농민은 농사를 짓고 세금을 내야 했어요. 좋은 가문에서 태어난 양반은 과거에 급제해야 벼슬아치가 될 수 있었지요. 나라에서는 황희, 맹사성 같은 어질고 청렴한 벼슬아치들을 '청백리'라 부르며 상을 주었어요.

이야기 하나 더

맹사성의 공당놀이

황희 정승과 함께 조선의 대표적 명재상으로 꼽히는 맹사성이 지방을 돌고 한양으로 돌아가던 길이었어요. 갑작스레 큰 비가 쏟아져 그는 비를 피하려고 주막에 들렀어요.

주막에는 먼저 온 젊은 선비가 비를 피하고 있었어요. 선비는 행색이 초라한 맹사성을 시골 노인네로 보고 말장난이나 해야겠다고 생각했어요.

“어르신, 저랑 공당놀이나 하십시다. 어르신이 말끝에 ‘공’ 자를 붙여 말하면 제가 대답 끝에 ‘당’ 자를 붙이면 되지요.”

“심심하던 차에 잘 됐구려. 그래, 선비는 어디를 가는 길인공?”

“한양에 과거 보러 가는 길이당.”

“과거라면 내가 벼슬자리 하나 마련해 주는 건 어떻겠는공?”

그러자 선비는 배를 잡고 웃으며 대답했어요.

“말도 안 된당. 일없당.”

두 사람이 노닥노닥 하는 사이 날이 개어 각자 흩어지게 되었어요.

얼마 뒤 과거 시험이 치러졌고, 과거에 급제한 자들이 높은 정승에게 인사를 올리는 자리가 마련되었어요.

가장 높은 자리에 앉아 급제자들을 둘러보던 맹사성의 눈에 낯익은 얼굴이 들어왔어요. 그자가 맹사성 앞에 서자 맹사성이 이렇게 물었어요.

“과거에 급제한 기분이 어떠한공?”

선비는 깜짝 놀라 고개를 들었어요. 말장난을 나눈 초라한 노인네가 명재상 맹사성이라는 사실을 알고 얼굴이 새하얘졌지요.

“주, 죽을 죄를 지었습니당!”

맹사성은 선비를 격려하며 벼슬을 내려 주었다고 합니다.

조선

힘으로 왕이 된 세조

세종의 뒤를 이어 문종이 왕이 되었어요. 그러나 문종은 왕이 된지 얼마 되지 않아 건강이 급격히 나빠졌어요. 죽음이 눈앞에 다가온 걸 느낀 문종은 김종서와 황보인을 불렀어요.

"어린 세자를 두고 눈을 감으려니 걱정이 앞서오. 세자를 도울 어미도, 할머니, 할아버지도 이미 세상에 없으니 열두 살의 어린 세자 혼자 어찌 이 나라를 감당하겠소. 믿을 사람이라고는 대신들뿐이니 세자를 잘 부탁하오."

문종이 세상을 떠나고 어린 단종이 조선의 왕이 되었습니다. 문종의 유언대로 김종서와 황보인은 단종을 도와 나랏일을 처리했어요.

김종서와 황보인은 세종 때 6진을 개척한 인물들이야. 세종은 여진족을 물리치고 4군과 6진을 설치해 오늘날의 영토를 만들었어.

그런데 이런 모습을 무척 못마땅해하는 사람이 있었어요. 세종의 셋째 아들이자, 단종의 삼촌인 수양대군이었어요.

"왕실 가문을 무시하고 신하들끼리 정치를 해 먹다니! 나라꼴 한번 잘 돌아가는군! 진짜 왕족이 나서야겠어!"

수양대군은 왕이 되려는 욕심을 품고, 자기편이 될 사람들을 모았어요. 권람과 신숙주, 한명회, 홍윤성 등 글 잘 쓰고, 꾀 많고, 힘센 사람들을 곁에 두었지요.

"무엇보다도 왕을 감싸고 있는 김종서부터 없애야 해."

기회를 노리던 어느 날이었어요. 늦은 밤, 수양대군은 무사들을 이끌고 김종서의 집으로 갔어요. 김종서는 수양대군의 행동을 미심쩍게 생각해 온 터라 조심스럽게 수양대군을 맞이했어요.

"제가 다른 정승 댁에 가던 길인데, 관모(벼슬아치들이 쓰던 모자)에 달린 뿔이 떨어져 늦었지만 이렇게 들렀소. 관모 하나만 빌려 주시오."

김종서는 마음을 놓으며 아들 김승규에게 일렀어요.

"들어가서 관모를 가져다 대군께 드리거라."

김승규가 문 안으로 들어갔어요. 순간, 달빛에 비친 수양대군의 얼굴에서 웃음기가 사라졌어요. 수양대군의 뒤를 지키고 있던 무사들이 품 안에서 쇠몽둥이를 꺼내 김종서를 내리쳤어요. 그들은 김승규의 목숨마저 빼앗은 뒤 재빨리 궁궐로 향했습니다.

"전하! 김종서와 황보인이 역모를 꾸미고 있다 하여 제가 처치하고 오는 길입니다. 제가 남은 역적들을 물리칠 수 있도록 허락하여 주시옵소서!"

수양대군은 단종을 거짓으로 설득한 뒤 모든 신하를 궁궐로 모이게 했어요. 밤늦게 허둥지둥 궁궐로 불려 온 신하들은 대궐 문 앞을 지키고 있는 한명회의 모습에 아연실색 했어요. 한명회는 신하들의 이름을 하나씩 부르며 자기편이 아닌 사람은 모조리 죽이도록 했습니다.

이제 조선에 수양대군에게 맞설 사람은 아무도 없었어요. 단종은 떠밀리듯 왕의 자리를 수양대군에게 넘겨 주었습니다.

조선은 피비린내를 풍기며 세조의 시대를 맞이했습니다.

언제 무슨 일이? 1455년 조선의 7대 왕 세조 즉위

수양대군은 왕위를 차지하기 위해 비겁한 방법으로 단종을 끌어내렸어요. 이 사건을 '계유정난'이라고 합니다. 비록 비겁한 방법으로 왕이 되었지만 세조는 강력한 왕권을 바탕으로 조선의 발전에 많은 기여를 했답니다.

이야기 하나 더

신숙주를 구한 눈치 빠른 한명회

세조와 한명회, 신숙주가 함께 술자리를 즐기고 있었어요. 긴 시간 술잔이 오갔고, 방안에는 취기가 가득했어요.

"나와 팔씨름을 해 볼 사람이 있소?"

세조가 갑자기 제안하자 신숙주가 맞받았어요.

"전하, 제가 무례를 무릅쓰고 전하를 이겨 보도록 하겠습니다."

세조와 신숙주는 팔을 맞잡았어요. 그런데 세조가 힘을 쓰기도 전에 신숙주가 냉큼 세조의 팔을 넘겨 버리는 게 아니겠어요. 내기에서 진 세조의 표정이 일그러졌어요. 한명회는 분위기가 이상해짐을 느끼고 서둘러 자리를 마무리했어요.

집으로 돌아가는 길에 한명회는 일부러 신숙주를 뒤따라갔어요. 신숙주가 집으로 들어가자 하인을 불러 이렇게 당부했어요.

"지금 대감의 방에 있는 초와 촛대를 모두 치우도록 하게."

하인은 영문도 모른 채 한명회가 시키는 대로 했어요.

한편, 세조는 신숙주가 영 괘씸했어요.

'감히 왕을 이기다니. 평소 날 노리고 한 행동은 아닐까?'

세조는 신하를 시켜 몰래 신숙주를 살펴보라고 했어요. 신하가 곧바로 신숙주를 뒤따라가 그를 살폈어요. 마침 잠에서 깬 신숙주가 평소 습관대로 책을 읽으려고 불을 켜려 했어요. 그런데 아무리 찾아도 초가 보이질 않았어요. 어쩔 수 없이 다시 자리에 누워 잠이 들었지요.

신하는 세조에게 신숙주가 불을 끈 채 잠만 자더라고 알렸어요.

'그럼 그렇지. 너무 취해서 그런 실수를 한 게로군.'

눈치 빠른 한명회가 꾀를 쓴 덕에 신숙주는 목숨을 구할 수 있었답니다.

조선

사육신과 생육신

궁궐은 평화로운 시간이 찾아온 듯 보였어요. 각자 자기가 맡은 일을 하며 평소와 다름없이 지냈지요.

그러나 몇몇 신하들은 남몰래 눈물을 삼키고 있었어요. 세조로부터 단종을 지키지 못한 죄책감 때문이었지요. 집현전에서 학자로 일하던 성삼문과 박팽년은 두 손을 맞잡고 흐느꼈어요.

"우리는 신하가 되어 전하를 제대로 보살피지 못했으니 죄인이나 다름없소."

"돌아가신 선왕의 얼굴을 어찌 보겠습니까. 흑흑."

그 순간 두 사람의 눈이 마주쳤습니다. 그 눈빛은 그대로 있을 수만은 없다는 다짐과 같았어요. 둘은 뜻이 통했다는 듯 고개를 끄덕였어요.

성삼문과 박팽년은 자신들과 뜻이 같은 사람들을 몰래 찾아다녔어요. 유응부, 유성원, 이개, 하위지, 김질이 뜻을 함께했어요.

"세조를 없애야만 합니다."

"힘으로 왕의 자리를 얻었으니 힘으로 다시 빼앗아야지요."

이들은 매일 밤 모여 세조를 없앨 방법을 논의했어요. 하지만 김질의 마음속에 불안이 싹트기 시작했어요.

'만약 계획이 실패한다면? 세조의 손에 끔찍하게 죽고 말겠지. 안 되겠어. 지금이라도 자수하고 목숨이나마 건져야지.'

세조는 자신을 해치고, 단종을 다시 왕으로 복귀시키려는 자들이 있다는 사실에 크게 화를 냈어요.

"당장 성삼문과 그 일당들을 끌고 와라!"

성삼문이 잡혀 오자 세조가 무섭게 몰아쳤습니다.

신숙주는 한때 집현전에서 함께 일한 성삼문이 고문당하는 모습을 보면서 어떤 생각이 들었을까? 사람들은 세조의 편에 선 신숙주를 욕하며, 이때부터 맛이 금방 변하는 녹두 나물을 가리켜 '숙주'라고 부르기 시작했대.

"나는 네 능력과 인품을 크게 아끼고 존중했거늘, 너는 어찌 나를 죽이려 하는가?"

"하늘 아래 두 개의 태양이 있을 수 없고, 나라에 두 왕이 있을 수 없다! 내가 섬길 왕은 오로지 단종 전하뿐이시다!"

세조는 분노에 치를 떨었습니다. 성삼문뿐만 아니라 나머지 사람들에게도 끔찍한 고문을 가했지만 어느 누구도

용서를 구하지 않고 꼿꼿하게 버티어 냈습니다.

결국 이들은 지독한 고문 끝에 목숨을 잃거나 형을 받아 생을 마감했어요. 훗날 이들의 집을 뒤져 보니 세조가 왕이 된 뒤부터 받은 쌀은 조금도 먹지 않고 모아 두었다고 해요. 돈 역시 마찬가지로 한 푼도 쓰지 않았대요.

사람들은 이렇게 단종이 다시 왕위에 오르길 바라며 목숨을 내놓은 충신들을 일컬어 '사육신'이라고 불렀어요.

한편, 세조가 왕이 된 것에 분노하며 벼슬을 내놓고 물러난 사람들도 있었어요. 이들은 산속으로 들어가 숨어 지내거나 눈과 귀가 먼 체하며 세상과 담을 쌓고 지냈어요. 김시습, 원호, 이맹전, 조려, 성담수, 남효온. 이 여섯 신하를 가르켜 '생육신'이라고 부른답니다.

언제 무슨 일이? 1457년 단종의 죽음

어린 조카를 몰아내고 왕위에 오른 세조는 자신의 죄를 덮으려고 나라를 안정시키는 데 온 힘을 쏟았어요. 세조는 비겁하게 왕이 되었으나 이후 여러 분야에서 많은 업적을 남긴 왕으로도 평가받고 있습니다.

역사 깊이 보기

세조는 어떤 왕이었나?

세조는 단종의 목숨을 빼앗고, 왕의 자리를 노리던 동생들의 목숨까지도 가차없이 빼앗은 비정한 왕이었어요. 훗날, 단종의 어머니였던 현덕왕후가 귀신이 되어 자신을 해치려 한다며 그녀의 무덤까지 파헤쳤어요.

세조는 자신이 저지른 죄를 잘 알고 있었어요. 그래서 하루빨리 나라를 발전시켜 민심을 잡고자 했어요.

세조는 우선 '직전법'을 도입했어요. 직전법은 현직 관리들에게만 땅을 나누어 주도록 한 제도예요. 이전에는 관리와 그 집안의 조상들에게까지 땅을 나누어 주었거든요. 또 태종 때 처음 실시했다가 폐지했던 '호패법'을 다시 실시했어요. 호패법을 지금의 주민등록 제도와 비슷한데, 이후에도 폐지와 실시를 반복해요. 호패법과 직전법을 실시함으로써 나라 살림이 늘어날 수 있었어요.

세조는 나라의 기본 법전인 〈경국대전〉을 만들기 시작한 왕이기도 해요. 〈경국대전〉을 통해 죄를 벌하는 법뿐만 아니라 정치, 경제, 사회 등 조선 사회 전반을 다스리는 기준이 마련되었어요.

국방을 튼튼히 하려고 국경 지대에 성을 쌓기도 했어요. 아버지인 세종을 본받아 나라에 필요한 다양한 서적을 편찬하는 일도 게을리 하지 않았어요.

세조의 다양한 정책이 실현되면서 조선은 발전의 밑바탕을 다질 수 있었어요. 하지만 지난날 그가 저지른 잘못은 오늘날까지도 비판의 대상이 되고 있답니다.

억울하게 처형당한 남이 장군

백두산 돌은 칼 갈아 다 없애고
두만강 물은 말 먹여 다 없애리.
남자가 나이 스물에 나라를 평정하지 못하면
뒷날 그 누가 대장부라 부르리오.

남이 장군은 위풍도 당당하게 한양으로 돌아왔어요. 조선에 침입한 여진족들을 무찌르고 돌아오는 길이었지요. 박력 있는 목소리로 노래까지 흥얼거렸어요. 듬직한 풍채와 당당한 기세는 누가 보아도 조선 최고의 장군이라 할 수 있었어요.

남이 장군은 세조를 끌어내리려던 반역자들을 처단한 적도 있었어요. 이런 이유로 세조는 남이 장군을 특별히 아꼈어요.

"장군의 빛나는 공을 치하하며 병조 판서에 봉하노라."

"성은이 망극하옵니다, 전하."

남이 장군이 세조의 총애를 받자 이를 못마땅해하는 자들도 있었어요. 세조가 세상을 떠나고 예종이 왕이 되자, 이들은 남이 장군을 헐뜯어 그를 낮은 벼슬로 내쳤어요.

어느 날, 남이 장군이 밤늦도록 궁궐을 지킬 때였어요. 문득 하늘을 올려다보니 별똥별이 긴 꼬리를 늘어뜨리며 땅으로 떨어지고 있었어요.

"별똥별은 묵은 것이 물러나고 새것이 나타나려는 징조라 하였는데……."

남이 장군이 무심코 혼잣말을 하는데, 마침 이 말을 유자광이 듣게 되었어요. 유자광은 평소 남이 장군을 시기하던 자였어요.

'옳거니. 꼴도 보기 싫은 남이 장군을 처리할 수 있겠군.'

유자광은 예종에게 이렇게 이야기했어요.

"전하, 남이 장군이 별똥별을 보며 묵은 것이 사라지고 새것이 나타날 것이라고 했습니다. 이는 곧 전하를 빗대어 하는 말이 아니겠습니까. 게다가 젊은 날에는 나라를 평정하겠다는 노래까지 지어 불렀다고 합니다. 머지않아 나라를 차지하려는 마음을 드러낼 것이 분명하옵니다."

예종은 크게 화를 냈어요.

"당장 반역자 남이 장군을 잡아들여라!"

남이 장군은 혹독한 고문을 받았어요. 모질게 매를 맞아 정강이뼈가 부러

지기까지 했어요.

"너와 더불어 반역을 논한 자가 있느냐?"

"나 말고도 더 있습니다."

남이는 거짓으로 자백을 했어요. 죄 없는 벼슬아치들이 줄줄이 끌려와 고문을 받았습니다. 이들은 감옥에서 남이에게 따졌어요.

"너는 어찌하여 죄 없는 우리를 끌어들이느냐!"

"대감들 모두 나에게 죄가 없다는 것을 잘 알고 있었소. 허나 누구도 전하께 진실을 말하지 않았으니, 이것이 죄 아니겠소?"

남이의 말에 모두 묵묵히 고개만 숙였어요.

경기도 가평의 '남이섬'에 남이 장군의 돌무덤이 있었다는 전설이 있어. 진짜 무덤은 경기도 화성에 있대.

언제 무슨 일이? 1468년 조선의 8대 왕 예종 즉위

세조는 왕이 되는 데 도움을 준 사람들에게 큰 벼슬과 상을 내렸어요. 얼마 뒤 이들의 힘은 점점 커져 조선을 이끌어 가는 중심 세력이 되었어요. 이를 '훈구파'라고 해요. 세조 이후 조선의 왕실에는 훈구파의 권력이 커지는 걸 막아야 하는 숙제가 남겨졌답니다.

역사 깊이 보기

조선의 역사를 여는 문, 〈조선왕조실록〉

우리 조상들은 후손을 위해 역사를 남기는 일을 무척 중요하게 생각했어요. 그래서 왕의 하루하루를 기록하는 관리를 두었고, 왕이 죽은 뒤에는 왕이 한 일을 꼼꼼히 기록해 책으로 펴내도록 했어요. 이 책들이 바로 〈조선왕조실록〉이에요. 책 제목에는 〈태종실록〉, 〈세종실록〉처럼 죽은 왕의 이름을 붙였어요.

조선의 왕에게는 '사관'이라는 신하가 늘 따라다녔어요. 사관은 왕의 곁에서 보고 들은 내용을 꼼꼼히 기록하는 사람이에요.

하루는 태종이 사냥을 하다가 말에서 굴러 떨어졌어요. 창피해진 태종이 곁에 있던 신하에게 넌지시 "사관에게는 내가 말에서 떨어진 걸 알리지 말거라." 라고 했대요. 그런데 사관은 그 말까지도 그대로 기록해 두었다가 태종이 죽은 후 실록에 실었다고 해요.

이렇게 왕에 대한 세세한 기록을 '사초'라고 해요. 왕은 사초를 볼 수 없었어요. 왕이 사초를 감시한다면 사관도 마음 놓고 올바른 내용의 사초를 쓸 수 없었을 테니까요.

왕에 대한 온갖 기록을 바탕으로 실록을 완성하면 완성본을 뺀 나머지 자료들은 내용이 새어 나가지 않도록 지웠어요. 이를 '세초'라고 하는데, 지금의 서울 세검정 냇물에서 종이를 물에 씻어 글자를 지우고, 다시 말려서 사용했다고 해요.

〈조선왕조실록〉에는 태조 때부터 철종 때까지 25대 472년에 걸쳐 일어났던 조선의 중요한 사건들이 기록되어 있어요. 〈조선왕조실록〉은 조선의 정치 · 경제 · 사회 · 문화 등이 꼼꼼히 기록된 위대한 자료로, 현재 유네스코 세계 기록 유산으로 지정되어 있답니다.

조선

주정뱅이 손순효 대감

"명나라에 중요한 문서를 보낼 일이 있으니, 명필가인 손순효 대감을 불러 오시오."

조선의 임금 성종이 손순효 대감을 찾았어요. 잠시 뒤 손순효가 술 냄새를 폴폴 풍기며 나타났어요.

"대감이 술을 좋아하는 건 익히 알고 있었소만, 나랏일을 돌보는 사람이 어찌하여 대낮부터 취해 있을 수 있단 말이오! 당장 물러가시오!"

성종이 노발대발하자 손순효가 무릎을 꿇었어요.

"전하, 집안에 즐거운 일이 있어 어쩔 수 없이 술을 마시긴 하였으나 전하의 명을 받들지 못할 만큼 취하진 않았사옵니다. 제게 그 일을 맡겨 주시옵소서."

그러고는 붓을 들어 막힘없이 술술 글을 써 내려갔어요.

"대감의 글 솜씨는 조선에 견줄 자가 없겠소. 취한 상태에서도 이리 훌륭한데, 맨정신으로는 못 이룰 바가 없겠구려."

성종은 크게 칭찬하면서도 손순효가 염려되어 덧붙였어요.

"그래도 술을 많이 마시면 건강에 해로우니, 내가 주는 이 은잔으로 하루에 딱 석 잔만 마시도록 하시오."

손순효는 성종으로부터 작은 은잔을 받고 고개를 숙였어요.

그로부터 며칠 뒤, 성종은 손순효가 술에 잔뜩 취해 궁 안을 돌아다니는 모습을 보았어요. 화가 난 성종이 손순효를 크게 꾸짖었어요.

"내가 준 은잔으로 술을 딱 세 잔만 마시라고 하지 않았소!"

그러자 손순효는 품 안에서 커다란 은사발을 꺼냈어요.

"신하된 자로서 전하의 은혜로운 뜻을 어찌 거스를 수 있겠습니까. 전하께서 주신 잔으로 딱 세 잔만 마셨습니다."

"그 은사발은 내가 준 잔이 아니지 않소?"

성종이 말하자 손순효는 머리를 더욱 깊이 숙였어요.

"전하께서 주신 은잔은 너무 작아 아무리 독한 술을 부어 마셔도 취하지 않을 것 같았습니다. 그리하여 대장장이를 시켜 잔을 두드려 펴서 큰 사발로 만들라 하였습니다."

손순효의 말을 듣고 성종은 크게 웃고 말았어요.

"대감의 생각이 기발하니 오히려 꾸짖은 내가 속이 좁아 보이는구려. 좁은 내 속도 두드려 펴야 하겠소."

그 뒤로 성종은 안주로 삼으라며 손순효의 집으로 푸짐한 음식을 보내곤 했어요. 손순효는 왕의 넓은 마음을 헤아리며 나랏일에 더욱 최선을 다했어요. 욕심을 버리고 누구보다 나랏일에 앞장선 덕에 손순효는 훗날 청백리에 뽑히기도 했습니다.

세월이 흘러 죽음을 눈앞에 둔 손순효는 이런 유언을 남겼다고 해요.

"내 무덤 앞에는 비석 대신 내가 좋아하는 술을 한 병 놓아 다오."

언제 무슨 일이? **1469년 조선 9대 왕 성종 즉위**

성종은 왕권을 위협하는 훈구파를 막을 필요가 있었어요. 그래서 도덕적으로 깨끗하고 학문에 밝은 인물들을 등용했어요. 이들을 '사림'이라고 해요. 성종이 다스리던 조선은 훈구파와 사림파가 서로 맞서며 새로운 정치의 장을 마련해 가고 있었어요.

역사 깊이 보기

나라를 다스리는 최고 법전 〈경국대전〉

세조는 나라를 다스리기 위해서는 나라의 모든 체제를 반듯하게 바로잡을 필요가 있다고 생각했어요. 그래서 나라의 기본 법전인 〈경국대전〉을 만들라고 명령했어요. 〈경국대전〉 이전에도 법률은 있었지만 주로 죄인을 다스리는 내용이었고, 그마저도 상황마다 다르게 적용되기 일쑤였어요.

세조 때 만들어지기 시작한 법전은 약 30년 후 성종 때 완성되었어요. 그 후 몇 차례 보완 과정을 거쳤어요.

〈경국대전〉은 나라 전체의 통치 원칙으로부터 백성들의 일상생활에 이르는 기본 규범을 아울러 담았어요.

그 내용을 살펴보면 관리들의 출퇴근 시간이나 근무 일수, 관복에 대한 내용까지 상세히 정해져 있었어요. 또한 땅과 집, 노비 등을 팔면 100일 안에 관청에 신고하도록 하였어요. 관청에서 일하는 노비의 경우 출산 전후로 80일의 출산 휴가를 주도록 했으며, 아들딸 차별 없이 부모의 재산을 똑같이 물려받을 수 있게 하였어요. 이처럼 〈경국대전〉은 정치, 경제, 사회 등 조선 사회 전반을 다스리는 기준이 되었어요.

그러나 신분 제도에는 엄격해 노비들은 억울한 일이 있어도 법으로 보호받지 못했어요. 재혼한 여자의 아들이나 첩에게서 태어난 자식을 차별하도록 하는 법도 있었지요.

이런 한계도 있었지만 〈경국대전〉은 조선의 상황에 맞도록 만들어진 나라의 최고 법전으로서, 조선 왕조 500여 년 동안 나라를 다스리는 밑바탕이 되었답니다.

조선

난폭한 왕, 연산군

"뭣이! 감히 김종직이 할아버지를 욕되게 했단 말이냐? 천벌을 받을 놈! 무덤 속에 있다 한들 벌을 피할 수는 없다. 당장 그놈의 시체를 꺼내어 목을 베라!"

> 훈구파는 바른 소리를 하는 사림파를 눈엣가시처럼 여겼어. 그래서 사림파가 세조를 비난하는 글을 쓴 적이 있다고 트집 잡아 연산군에게 일렀지. 이 일로 사림파 수십 명이 목숨을 잃었어.

연산군의 명에 따라 김종직의 시체가 무덤에서 꺼내어져 목이 베어졌어요. 그를 따랐던 수십 명의 제자들 역시 처형되고 말았지요. 이 일이 연산군이 일으킨 '무오사화'예요.

김종직은 세조 때의 신하로, 세조가 단종을 밀어내고 왕이 되었을 때, 그것을 비난하는 듯한 글을 썼었어요. 훗날 연산군이 이 사실을 알고, 이 같은 참극을 벌였던 거예요.

연산군은 점점 더 거칠고 난폭해졌어요. 정치에는 관심이 없고 술과 놀이에만 빠져 지냈어요. 조정에는 연산군이 두려워 바른 말을 하는 신하가 사라졌어요. 백성들은 점점 살기 힘들어졌어요. 조정은 살얼음판을 걷 듯 아슬아슬 위태로웠습니다.

그러던 어느 날이었어요. 신하 중 한 사람이 연산군에게 잘 보이려고

연산군의 어머니가 죽게 된 사연을 이야기해 주었어요. 그의 어머니는 그가 매우 어렸을 때 죽었어요.

"전하, 아뢰옵기 황공하오나 전하를 길러 주신 정현왕후는 친어머니가 아니십니다. 전하를 낳아 주신 어머님은 사실 억울한 누명을 쓴 채 사약을 받고 세상을 떠나셨습니다."

충격적인 말과 함께 신하는 피 묻은 헝겊을 내보였어요.

"당시 후궁들이 중전마마를 헐뜯어 벌어진 일이었사옵니다. 사약을 마시고 피를 토하시면서 훗날 전하께옵서 억울한 죽음을 꼭 풀어 주길 바라셨지요."

연산군의 어머니는 사실 성품이 어질지 못해 궁에서 쫓겨나 처형을 당했어. 왕비라는 이름도 얻지 못해 '폐비 윤씨'라고 불려.

연산군은 어머니의 피가 묻은 헝겊 조각을 받아들고 몸을 바들바들 떨었어요.

"억울하게 죽은 어머니의 원수를 갚아야겠다! 그 후궁들을 내 앞에 데려다 놓아라!"

연산군을 말릴 사람은 아무도 없었어요. 후궁들이 끌려오자 연산군은 후궁들을 때리고 발길질해 그 자리에서 죽였습니다. 그의 어머니가 사약을 받을 때 그 자리에 있기만 했던 신하들까지도 모조리 죽였습니다.

새어머니인 정현왕후에게도 난동을 부렸습니다. 이를 말리던 인수대비에게까지 해코지를 해 그녀마저 세상을 떠나게 만들었지요.

이 사건이 갑자년에 일어난 '갑자사화'입니다. 연산군이 일으킨 무오사화와 갑자사화로 많은 사람이 무참히 죽임을 당하고 벌을 받았어요. 보다 못한 신하들은 힘을 모아 연산군을 왕위에서 끌어내렸어요.

신하들에 의해 쫓겨난 이 왕은 명예로운 이름도 얻지 못한 채 '연산군'이란 이름으로 역사에 남게 되었습니다.

언제 무슨 일이? 1494년 조선 10대 왕 연산군 즉위

조정에서는 훈구파와 사림파의 팽팽한 줄다리기가 이어졌어요. 그러던 중 사림파는 사화를 통해 큰 피해를 입고 말아요. 훈구파는 제멋대로인 연산군을 왕의 자리에서 끌어내리기도 하지요. 조선의 정치가들이 권력 다툼을 하는 동안 백성들은 굶주림에 고통받아야 했어요.

역사 깊이 보기

조선의 의적 3인방

연산군 시절, 정치인들은 권력 다툼으로 백성을 돌보지 않았어요. 게다가 나라는 심한 흉년까지 들어 백성들은 이중으로 고통받았어요. 먹고 살기 힘들어진 백성들 중에는 도적이 되어 목숨을 이어가는 자들이 많았어요.

그중에서도 유명한 도적이 홍길동이에요. 홍길동은 양반의 옷차림을 하고 관청을 드나들며 도둑질을 했어요. 못된 부자들과 관리들로부터 재물을 빼앗아 가난한 사람들에게 나누어 주었지요. 그래서 많은 사람들이 홍길동을 따랐어요. 세력이 커지면서 홍길동은 조정의 골칫거리가 되었어요. 〈조선왕조실록〉에 홍길동에 대한 내용이 여러 번 나올 정도니 그의 영향력이 어느 정도였을지 짐작이 가지요.

100년 정도 후에 허균은 실제 인물이었던 홍길동을 바탕으로 소설을 썼어요. 이 소설이 〈홍길동전〉이에요. 허균은 〈홍길동전〉을 통해 신분 차별과 부패한 정치를 신랄하게 비판했어요. 그 덕에 〈홍길동전〉은 백성들 사이에서 큰 인기를 누렸지요.

조선의 유명한 도적으로는 임꺽정과 장길산도 꼽을 수 있어요.

명종 때 나타난 임꺽정은 백성의 재물을 빼앗아 배를 불린 양반과 부패한 벼슬아치들을 주로 노렸어요. 그런 임꺽정을 백성들은 의로운 도적이라고 부르며 응원했다고 해요. 〈조선왕조실록〉에도 "그들이 도적이 된 것은 그들의 죄가 아니다."라고 기록되어 있으니, 당시 백성들이 얼마나 고통받고 있었는지 짐작할 수 있어요.

장길산은 광대 출신의 도적으로 주로 황해도 지역에서 모습을 나타냈어요. 장길산은 끝까지 잡히지 않아 오늘날까지도 전설로 남아 있어요.

조선을 개혁한 조광조

“전하께서 마음을 다스리시고, 학문을 갈고닦으신다면 어진 임금이 되실 수 있사옵니다.”

조광조는 중종이 가장 신뢰하는 신하였어요. 그는 왕 앞에서도 바른 말을 거침없이 했어요.

연산군이 쫓겨나면서 갑자기 왕이 된 중종은 조광조로부터 배울 점이 많다고 생각해 늘 그의 말에 귀를 기울였어요. 자연스럽게 조광조는 조정에서 가장 중요한 인물이 되었지요.

그런데 시간이 흐를수록 중종은 조광조가 못마땅해졌어요.

‘조광조 대감은 학식이 깊고 성품이 뛰어나 그를 따르는 자가 많다. 갈수록 그의 세력이 커지고 있으니 이는 문제 아닌가. 왕권이 강하게 서야 나라도 잘 다스릴 수 있는 법인데.’

중종처럼 조광조의 힘이 커지는 것을 반대하는 세력도 있었어요.

“더는 미룰 수 없소. 늦기 전에 조광조를 해치웁시다.”

중종은 사림파의 조광조를 곁에 두었어. 조광조는 훈구파가 더 이상 부정부패를 일삼지 못하도록 제도를 고치고 새로 만들었어.

“내가 좋은 수를 생각해 벌써 손을 써 놨소이다. 기다려 보시오.”

며칠 뒤, 궁궐이 발칵 뒤집혔어요. 중종은 궁궐 안팎이 떠들썩하자 신하에게 그 이유를 물었어요.

“전하, 궁궐 안에 있는 나뭇잎에 글자가 나타났습니다.”

신하가 나뭇잎을 가져다주자 중종은 그것을 보고 깜짝 놀랐어요.

“해괴한 일이로다. 나뭇잎에 나타난 주초위왕(走肖爲王)이 무슨 뜻인가?”

“‘주’와 ‘초’ 글자를 합하면 ‘조趙’자가 됩니다. 즉, ‘주초위왕’이란 ‘조광조가 왕이 된다.’라는 뜻이 아니겠습니까. 조광조가 하늘 높은 줄 모르고 콧대가 높아지더니 감히 왕의 자리를 탐내고 있습니다. 당장 그를 벌하셔야 합니다.”

사실 이는 조광조의 힘이 커지는 걸 막으려는 사람들이 벌인 일이었어요. 이들은 미리 궁녀를 시켜 궁 안에 있는 나뭇잎에 꿀로 글자를 쓰게 했어요. 그러자 개미들이 달콤한 꿀을 따라 나뭇잎을 갉아 먹으면서 ‘주초위왕’이라는 글자가 나타난 거예요.

중종이 이런 사실을 알 리가 없었어요. 그렇지 않아도 조광조의 세력이 커져 부담을 느끼고 있던 터라 중종의 마음은 크게 흔들렸어요.

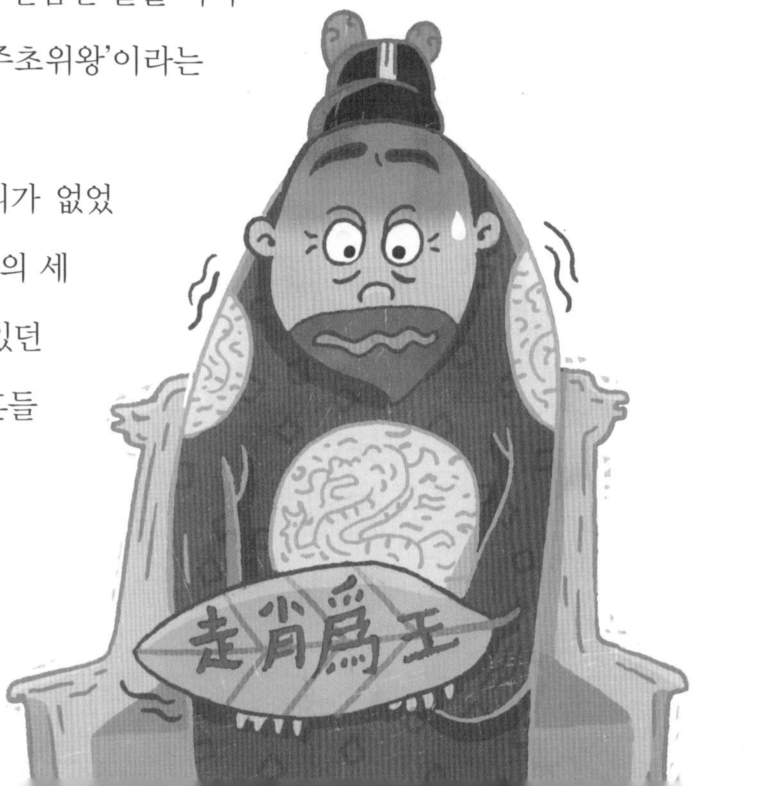

"조광조가 반역을 꾸미고 있다! 조광조를 잡아들여 처형하도록 하라!"

중종은 마침내 결단을 내렸고, 조광조는 목숨을 잃었어요. 그를 따르던 수많은 사림 역시 목숨을 잃었지요. 이를 '기묘사화'라고 합니다.

조광조는 위태로운 나라에 바른 정치가 뿌리내릴 수 있도록 여러 제도를 개혁해 갔었지요. 하지만 반대 세력에 막혀 서른여덟이라는 젊은 나이에 목숨을 잃고 말았답니다.

언제 무슨 일이? 1519년 조광조가 세상을 떠남

중종은 사림파와 함께 강력한 개혁을 펼쳤지만 사림인 조광조의 힘이 커지는 게 두려운 나머지 이들 세력을 유배 보내거나 처형해 버렸어요. 이 사건을 계기로 훈구파가 다시 권력을 잡고, 사림파는 지방으로 밀려났지요. 이후 사림은 지방에서 학문을 닦으며 힘을 키웠답니다.

역사 깊이 보기

조선의 교육기관-서원

본래 사림은 태조 이성계가 조선을 건국할 때 이에 반대하며 벼슬을 등졌던 사람들이었어요. 이들은 성종에게 발탁돼 정치에 참여하였다가 훈구파에 밀려 물러나게 되었지요. 그 후 사림은 지방 곳곳에 자리를 잡고 서원을 세웠어요.

서원은 학교와 같은 곳이에요. 사림은 나라 곳곳에 서원을 세우고 학문을 연구하며 제자를 길렀어요. 서원을 중심으로 학문과 교육이 발전할 수 있었지요. 양반의 자제라면 서원에 입학해 학문을 닦는 일이 무척 흔했답니다.

이황은 나라가 발전하려면 선비들이 모여 공부하는 서원이 많이 생겨야 한다고 했어요. 나라에서도 서원을 교육기관으로 인정해 서원에 땅과 노비, 책을 내려 주는 등 여러 혜택을 주었답니다.

우리나라 최초의 서원인 백운동서원(훗날 소수서원으로 이름이 바뀜)을 비롯해 조광조를 기리는 심곡서원, 이황을 따르던 제자들이 세운 도산서원 등 곳곳에 서원이 생겨나요. 사림들은 서원을 중심으로 학문을 닦고 세력을 키우며 조용히 정치에 참여할 날을 기다렸어요.

서원에 가기 전에는 서당에서 공부를 했어요. 서당이 초등학교라면 서원은 중 · 고등학교 셈이에요. 마을 곳곳에 작은 규모로 자리잡은 서당에서 〈천자문〉을 통해 글을 익히고, 유교의 가르침을 담은 〈동몽선습〉이나 〈소학〉을 배웠어요. 서당을 졸업하면 나라에서 세운 교육기관인 향교에 가거나 서원에 가서 공부했어요.

조선

퇴계와 율곡

퇴계 이황은 예순이 넘은 나이임에도 새파란 청년인 율곡 이이에게 예의를 갖추었어요. 이이는 이황의 반듯하고 엄격한 자태에 절로 고개가 숙여졌어요.

"먼 강원도에서 이곳 안동까지 오시느라 고생하셨습니다. 어머니의 학식과 인품을 본받아 훌륭한 선비가 되셨다고 들었습니다."

율곡 이이의 어머니는 신사임당이야. 강원도의 오죽헌이 이이의 외갓집이자 고향이지.

이황이 향긋한 차를 건네며 이이에게 말했어요. 이이는 차 향기에 긴장이 조금 풀렸어요.

"전하께서 조선을 바르게 이끌어 달라며 관직에 오를 것을 부탁하셨다 들었습니다. 그런데 어찌하여 거절하셨는지 이유를 여쭈어도 되겠습니까?"

이이의 질문에 이황이 옅은 미소를 보였어요.

"제 호가 '퇴계'입니다. 저 앞에 흐르는 작은 시냇물의 이름에서 따왔지요. 한때 나라를 위해 일하

는 커다란 물줄기인 적도 있었으나, 점점 더 큰 물살에 휩쓸려 괴로웠습니다. 작은 시내이고 싶은 마음을 담아 호를 지었지요."

이황은 '퇴계'라는 시냇가에 작은 집을 짓고 제자들을 가르쳤어. 그러다가 제자들이 점점 늘어나자 규모를 늘렸지. 경상북도 안동에는 퇴계의 제자들이 세운 '도산서원'이 남아 있어.

이이는 고개를 끄덕이며 찻잔을 바라보았어요. 이황은 이야기를 계속했어요.

"제가 관직에 있을 때, 조정은 무척 혼란스러웠습니다. 조선의 물줄기를 바꿀 사람이라고 여겨졌던 조광조가 힘없이 목숨을 잃고, 수많은 선비들도 비참하게 세상을 떠났습니다. 모두 눈앞의 이익을 손에 쥐려던 사람들이 벌인 일이었지요. 그 일을 겪고 나니 욕심을 좇기보다는 마음을 들여다보고 바른 이치를 탐구하는 것이 선비의 옳은 자세라는 생각이 들었습니다. 하여 관직을 버리고 이곳에서 학문을 닦으며 지내고 있는 것이지요."

잠자코 듣던 이이가 찻잔을 내려놓으며 말했어요.

"선비가 학문을 닦아 우주와 인간의 이치를 깨닫는 일은 중요합니다. 그러나 그 학문이 쓸모가 있으려면 백성과 나라를 위해 써야 한다고 생각합니다."

젊은 이이는 당찬 포부를 내비쳤어요. 이황은 고개를 끄덕이며 미소로 젊은 선비를 응원했어요. 날이 저물도록 두 사람의 이야기는 끝이 날 줄을 몰랐습니다. 이이가 얼굴을 붉히며 기쁜 마음을 표현했어요.

"마음에 밝은 달이 뜬 듯 환합니다. 말 한마디라도 더 섬기려 먼 이곳까지 찾아온 보람과 기쁨이 차고 넘칩니다."

이황도 즐거운 마음을 감추지 않았어요.

"젊은 선비와 대화를 나누니 마음이 뻥 뚫리는 것 같습니다. 저는 이곳에 남아 계속 공부를 하겠습니다. 선비께서는 부디 좋은 정치를 해주십시오. 우리 좋은 친구가 되어 봅시다."

조선의 뛰어난 학자였던 이황과 이이의 만남은 이렇게 이루어졌어요. 훗날 퇴계 이황은 도산서원을 세워 제자를 기르는 데 힘썼고, 율곡 이이는 벼슬길에 올라 훌륭한 정치인이 되었어요. 두 사람은 서른 살이 넘게 나이 차이가 났지만 서로를 존중하며 우정을 나누었다고 합니다.

언제 무슨 일이? 1567 조선 14대 왕 선조 즉위

지방의 서원에서 학문을 닦으며 때를 기다리던 사림은 선조가 조선의 왕이 되면서 정치에 많이 참여하게 됩니다. 그중에서도 퇴계 이황과 율곡 이이는 조선을 대표하는 학자이자 뛰어난 정치가로서 큰 존경을 받았습니다.

역사 깊이 보기

붕당정치와 사화

훈구파는 세조가 왕이 될 때 도움을 준 사람들을 말해요. 이들 중에는 조선이 세워질 때 공을 세운 사람들이 많아 조선을 이끌어 가는 중심 세력이 되었지요. 훈구파는 왕을 도와 많은 업적을 남겼지만 권력을 휘두르며 부정부패를 일삼아 문제를 낳기도 했어요.

사림파는 지방에서 학문을 닦다가 성종 때 관직에 올라 정치를 시작한 세력이에요. 훈구파의 독단적인 정치를 비판하고 이를 막으려 했지요.

훈구파와 사림파는 여러 차례 큰 갈등을 일으켰어요. 특히 훈구파의 공격으로 사림파가 크게 피해를 입은 사건이 '사화'예요. 무오사화(1498), 갑자사화(1504), 기묘사화(1519)가 연달아 일어나며 조선은 큰 혼란을 겪었어요.

사림파와의 경쟁에서 승기를 잡은 훈구파는 의기양양해졌어요. 당연히 세력을 키우기 시작했죠. 불안함을 느낀 선조가 다시 사림들을 대거 정치에 참여시켰어요. 이로써 권력을 잡은 사림들은 다시 동인과 서인으로 편을 갈라 대립하였어요.

동인은 주로 퇴계 이황의 학문을 이어받은 제자들이고, 서인은 율곡 이이의 제자들이에요. 이황과 이이는 같은 성리학을 연구했으나 추구하는 바는 달랐어요. 이렇게 두 세력은 학문적 바탕이 달랐어요. 또한 정치적인 견해도 달라 서로 비판하며 견제했어요.

이렇게 나라의 관리들이 세력을 나누어 서로 비판하며 공존하는 일을 '붕당정치'라고 해요. 지나치지만 않다면 당쟁은 다양한 의견을 내놓고, 서로를 비판하고 견제하며, 어느 한쪽으로 치우치지 않는 바른 정치를 위해 필요한 것이었어요.

2

조선을 휩쓴 전쟁

조선이 세워지고 200년의 시간이 흘렀어. 사화나 붕당정치 등 많은 사건이 있었지만 나라의 질서가 바로잡히며 조선은 나날이 발전해 가고 있었어. 이때 일본에서는 도요토미 히데요시가 권력을 잡고 조선을 침략했어. 이 전쟁이 우리가 잘 알고 있는 임진왜란이야. 임진왜란이 남긴 상처가 채 아물기도 전에 청나라도 조선을 공격해 왔어. 조선의 백성들이 전쟁을 어떻게 이겨 냈는지 알아보자.

임진왜란

1592년 4월 13일, 왜군이 조선에 쳐들어왔습니다.

부산 앞바다에는 왜군의 배가 끝도 없이 늘어서 있었어요. 배에서는 수천 명의 왜군이 쏟아져 나왔어요. 부산성에서는 급히 군사를 모아 막으려 했어요. 하지만 그 수는 턱없이 부족했고, 무기 또한 형편없었어요.

부산성은 순식간에 왜군에게 함락되었고, 왜군은 그 여세를 몰아 북쪽으로 밀고 올라갔습니다.

"우리 군사들은 무얼 하고 있단 말이냐!"

왜군의 침략에 놀란 선조가 신하들을 채근했습니다.

"왜군이 갖춘 무기를 보면 꼭 귀신에 홀린 것 같다고 합니다. 기다란

쇠통 끝에서 엄청난 소리와 함께 불이 뿜어져 나오는데, 이때마다 우리 군사들이 줄줄이 쓰러진다고 합니다. 우리 군사들은 제대로 싸우지도 못하고 전멸했습니다."

왜군은 바닷가에서 도둑질이나 하던 예전의 왜구가 아니었어요. 그들은 신식 무기인 '조총'을 들고 조선을 침략했어요. 선조는 이일 장군과 신립 장군에게 왜군을 막으라고 명령했어요.

군사들을 이끌고 내려간 이일 장군은 문경새재에서, 신립 장군은 충주에서 왜군들과 맞닥뜨렸어요. 그러나 조선의 군사들은 전쟁을 겪어본 적이 없어 활도 제대로 잡지 못했고 결국 싸워 보지도 못하고 왜군에게 목숨을 잃었습니다.

군사들만 목숨을 잃은 게 아니었어요. 왜군들이 할퀴고 지나간 자리는 처참했어요. 왜군들은 백성들의 재산을 빼앗고, 집집마다 불을 질렀습니다. 조선 땅 곳곳이 불길에 휩싸였고, 비명 소리가 들끓었으며, 시체가 나뒹굴었어요.

"전하, 왜군들이 한양을 향해 올라오고 있습니다. 당장 피하셔야 합

니다!"

선조는 황급히 짐을 꾸려 개성으로 떠났어요. 왕의 피난 소식에 백성들은 화가 치밀었어요.

"왕이 도망쳤다! 나라와 백성을 버리고 도망쳤다!"

화가 난 백성들은 궁궐에 불을 질렀어요. 경복궁과 창덕궁은 잿더미가 됐어요. 개성으로 도망치는 왕의 행렬을 향해 손가락질을 하며 욕을 하기도 했어요. 선조는 초라한 행색으로 개성에 도착했어요. 그러나 숨을 돌릴 틈도 없이 또다시 절망적인 소식이 날아들었어요.

"왜군들이 한양을 함락시키고 이곳으로 몰려오고 있습니다. 평양으로 다시 피하십시오."

"왜놈들이 쳐들어온 지 한 달도 되지 않았거늘……. 조선은 이렇게 무너지고 마는가!"

선조는 먹먹한 가슴을 억누르며 다시 평양으로, 다시 의주로 피난을 떠났어요.

언제 무슨 일이? 1592년 임진왜란이 일어남

일본을 갓 통일한 도요토미 히데요시는 자신의 불안한 입지를 타파하고자 조선과의 전쟁을 시작했어요. 또한 조선을 침략하면 경제적으로도 큰 이득이 있을 거라고 생각했지요. 이런 이유로 조선을 쳐들어온 일본은 불과 20일 만에 한양을 집어삼켜 버렸어요. 왕은 피난길에 올라 명나라에 도움을 요청했답니다.

이야기 하나 더

붉은 옷을 입은 장군, 곽재우

임금이 한양을 버리고 도망갔다는 소식에 많은 백성이 절망했지만, 스스로 나라를 지키자고 일어서는 백성들도 있었어요.

경상남도 의령의 곽재우는 모든 재산을 털어 의병을 모았어요. 그는 의병들과 함께 크고 작은 전투에서 왜군들을 물리치며 큰 공을 세웠어요.

"붉은 옷을 입은 자가 나타났다! 저자를 잡아야 한다!"

곽재우는 언제나 붉은 옷을 입고 나타났어요. 왜군들은 곽재우를 잡으려고 붉은 옷을 입은 자들을 쫓았어요. 그러자 곽재우는 여러 부하에게 붉은 옷을 입히고 변장을 시켰어요.

"으악! 붉은 옷을 입은 자가 한 명이 아니잖아! 귀신이다!"

사방에서 붉은 옷을 입은 사람들이 나타나자 혼이 싹 빠졌어요. 귀신이 나타났다며 꽁무니를 빼고 도망가기도 했지요.

곽재우는 도망가는 척하며 일부러 커다란 상자를 떨어뜨리기도 했어요. 왜군들은 귀한 물건이 든 줄 알고 상자를 열었어요. 그런데 그 속에서 벌떼가 우르르 나와 왜군들을 공격했어요.

그 다음 싸움에서도 곽재우는 일부러 상자를 떨어뜨렸어요.

"이 안에는 분명 벌이 들었겠지? 상자를 불 속에 던져라!"

왜군들이 상자를 불 속에 던지자 엄청난 폭발이 일었어요. 상자 속에 폭탄이 들어 있었던 거예요.

곽재우는 이처럼 뛰어난 전술로 왜군을 무찔렀어요.

한편, 그의 활약이 널리 알려지면서 어른들은 우는 아기를 달랠 때 "무서운 곽지(곽재우)가 온다."라고 했다고 해요.

조선

이순신과 거북선

임진왜란이 일어나기 전, 이순신은 전라 좌수사가 되어 남쪽 바다를 지키게 되었어요. 벼슬을 맡고 보니 군사들은 싸울 준비가 전혀 되어 있지 않았고, 무기들도 형편없었어요. 이순신은 착잡한 마음을 다잡으며 명령했어요.

전라도 바다를 지키는 해군을 '좌수영',경상도 바다를 지키는 해군을 '우수영',이라고 해. 이들의 우두머리가 각각 '좌수사', '우수사'야.

"전쟁은 예고 없이 일어난다. 언제든지 싸울 수 있도록 낡고 썩은 배를 손보고, 칼과 창을 날카롭게 갈아 두어라. 군사들은 칼을 잡는 법부터 다시 익힌다."

이순신은 무기를 만들고, 군사를 훈련시켰어요. 그리고 솜씨 좋은 기술자들과 머리를 맞대고 '거북선'을 만들었어요.

거북선의 지붕은 두꺼운 철판으로 덮여 있어 총알을 막을 수 있었어요. 뾰족한 송곳은 적이 배 위로 오르지 못하게 했지요. 뱃머리는 용의 머리 모양으로 만들었고, 용의 입에서는 대포를 쏠 수 있게 했어요.

이순신이 바쁘게 전쟁을 준비하던 이듬해에 임진왜란이 일어났어요. 철저히 준비해 온 이순신은 민첩하게 전술을 짰어요.

"왜군이 쳐들어온 옥포 앞바다는 깊이가 얕고 바위가 많아 싸움을 벌일 수 없다. 넓은 바다로 왜놈들의 배를 유인하라."

이순신은 우리 바다를 손바닥 들여다보듯 했어요. 이순신의 계획대로 왜군들은 조선의 배를 쫓아 넓은 바다로 나왔어요.

"지금이다! 거북선을 앞세워 공격하라!"

거북선은 넓은 바다를 빠른 속도로 누볐어요. 왜군들은 괴상하게 생긴 배가 돌진해 오며 불을 뿜고 대포를 쏘자 겁에 질렸어요. 우리 군사들은 용기를 얻어 힘껏 공격을 퍼부었어요.

"이겼다! 우리가 이겼다! 이순신 장군 만세!"

임진왜란에서 조선이 첫 승리를 거둔 순간이었어요. 그 뒤로 이순신

장군이 나선 전투에서는 언제나 승리의 깃발이 펄럭였어요.

왜군들은 이순신을 처치하지 못해 약이 바짝 올랐어요. 한 번은 배 70척을 이끌고 한산도 앞바다로 쳐들어 왔어요.

"학의 날개를 펼쳐라!"
이 전술이 그 유명한 '학익진'이야.

"조선의 군사들이여, 학의 날개를 펼쳐라!"

이순신의 우렁찬 목소리에 배들은 재빠르게 학 날개 모양으로 늘어섰어요. 왜군들의 배는 학의 날개에 갇혀 옴짝달싹 못했지요. 이어서 거북선에서 총포를 쏘아 대자 왜군들의 배가 부서져 가라앉았어요.

한산도 대첩에서 크게 패한 일본은 전쟁에서 조금씩 밀리기 시작했습니다. 그사이 이순신은 모함을 받아 장군의 신분을 잃고 평범한 병졸이 되고 말았어요.

왜군은 다시 군사를 모아 조선에 쳐들어왔어요.

"이순신이 나서야 합니다! 그가 아니면 해낼 수 없습니다!"

이순신이 다시 바다로 돌아왔을 때 남아 있는 배는 여기저기 부서진 배 12척뿐이었어요. 그럼에도 이순신은 태연히 군사들 앞에 섰어요.

"우리는 왜군에 맞서 싸워 이 전쟁을 끝내야 한다. 죽을 각오로 싸우면 살 것이고, 살 각오로 싸우면 죽을 것이다! 죽음을 두려워하지 말고 싸우자!"

단12척으로 왜군의 배 130여 척을 무찔러 승리했다니 정말 대단해. 이순신이 이끈 명량해전은 세계 어디에도 없는 기적적인 승리로 손꼽혀.

조선의 군사들은 두려움을 이겨 내고 싸웠어요. 단 12척의 배로 10배가 넘는 왜군의 배를 공격해 무찔렀지요. 승리의 기쁨도 잠시, 전쟁에 불리해진 왜군이 일본으로 도망가려 한다는 소식이 들려왔어요.

"놈들을 뒤쫓아라! 한 명도 돌려보내서는 안 된다! 노량 앞바다로 나가서 남김없이 물리치자!"

탄환과 화살이 노량 앞바다를 새까맣게 뒤덮었어요.

"저기 적의 장군이 있다! 배를 돌려서 공격하…… 으윽!"

그때, 조총 탄환 한 알이 이순신의 가슴으로 날아와 박혔어요.

"장군, 괜찮으십니까?"

"지금은 전투가 한창이니 내 죽음을 알리지 마라. 가서 싸우고 반드시 승리하라……."

군사들은 장군의 명령 하나만 믿고 끝까지 싸워 승리했어요. 죽는 순간까지 나라를 지키려 한 이순신은 눈을 감고 말았어요.

언제 무슨 일이? 1592년 한산도대첩, 1597년 명량대첩
1598년 노량해전에서 이순신 전사

일방적으로 밀리기만 하던 조선은 이순신 장군의 활약으로 승리의 물꼬를 틀 수 있었어요. 이순신은 뛰어난 전술과 지도력으로 모든 전투를 승리로 이끌었어요. 이순신은 전쟁 중에 〈난중일기〉를 써서 임진왜란에 대한 생생한 기록을 남겼습니다.

조선

양씨 부인 이야기

양씨 부인은 어딘가 좀 남달랐어요. 양반집 며느리로 시집을 왔지만 집안 일꾼들에게도 존댓말을 썼고, 급한 일은 자기가 팔을 걷어붙이고 직접 처리하기도 했어요. 그래서 집안 일꾼들은 양씨 부인을 존경하고 잘 따랐어요.

어느 해에 양씨 부인이 집안 일꾼들을 모아 두고 말했어요.

"여기 소와 곡식을 넉넉히 마련해 놓았으니, 이걸 갖고 산이 깊은 무주구천동으로 가 주세요. 그곳에서 집을 짓고, 밭을 일구어 곳간을 가득 채워 주세요."

일꾼들은 어리둥절했지만 양씨 부인이 시키는 대로 했어요.

양씨 부인은 남편인 김천일에게 이렇게 이야기하기도 했어요.

"우리가 가진 곡식을 마을 사람들에게 나누어 주어요. 우리 곳간은 이렇게 가득 찼지만, 밖에는 배곯는 사람들이 많답니다."

김천일은 아내의 고운 마음에 감동해 사람들에게 곡식을 나누어 주었어요.

또한 양씨 부인은 곡식 농사 대신 대나무와 박을 심었어요. 대나무는

베어서 차곡차곡 쌓아 두었고, 잘 익은 박은 거두어서 까맣게 칠한 뒤 곳간에 보관했어요. 누가 봐도 고개를 갸웃할 일이었지요.

그러던 어느날 일본이 쳐들어와 임진왜란이 일어났다는 소식이 전해졌어요. 양씨 부인은 침착하게 가족들에게 이야기했어요.

"제가 무주구천동에 살 곳과 먹을 것을 마련해 두었어요. 산이 깊은 곳이라 왜놈들이 쳐들어올 수 없을 거예요."

가족들을 무사히 피신시킨 뒤에는 남편 김천일에게 말했어요.

"당신은 나랏일을 하는 사람이니 나라를 지켜야지요. 전쟁에 나가 함께 싸울 의병을 모으세요."

김천일이 의병을 모은다는 소식에 사람들이 구름떼처럼 몰려들었어요. 한때 김천일의 도움을 받아 배고픔을 면했던 사람들이 모두 김천일을 따르겠다고 나섰답니다.

김천일은 어마어마한 의병 부대를 이끌었어요. 양씨 부인은 가득 쌓아 두었던 대나무와 까맣게 칠한 박을 의병들에게 나누어 주었어요.

"무기가 넉넉하지는 않지만 대나무를 날카롭게 깎으면 창으로 쓸 수 있을 것입니다. 까맣게 칠한 박은 반드시 옆구리에 차고 다니세요."

김천일이 이끄는 의병 부대는 그 힘이 엄청났어요. 병사들은 조선 땅을 쑥대밭으로 만드는 왜군을 상대로 대나무창을 휘둘렀어요. 왜군들은 옆구리에 까만 바가지를 차고 다니는 의병들을 보고는 슬금슬금 꽁무니를 뺐어요.

"무거운 쇠바가지를 옆구리에 차고도 산과 들을 날아다니다니! 조선인들은 보통 사람들이 아니다!"

미래를 내다본 양씨 부인의 현명함 덕에 남편인 김천일이 이끄는 의병 부대는 가는 곳마다 큰 승리를 거둘 수 있었답니다.

언제 무슨 일이? **1592년 진주대첩, 1593년 행주대첩**

임진왜란이 일어나자 왕은 백성을 버리고 피난길에 올랐어요. 반면 백성들은 스스로 나라를 지키려고 의병을 일으켜 왜군에 맞섰어요. 경상도에서는 곽재우와 정인홍이, 전라도에서는 고경명, 김천일 등이 의병을 이끌었어요. 일반 백성뿐 아니라 노비와 승려까지 의병으로 참가해 곳곳에서 큰 승리를 거두었답니다.

이야기 하나 더

권율의 행주대첩

권율 장군은 왜군에게 빼앗긴 한양을 되찾고자 행주산성에 진을 치고 있었어요. 한양에서 힘을 합친 왜군들이 곧 이곳을 공격해 올 예정이었어요.

행주산성에 한겨울의 바람이 매섭게 몰아치고 있었어요. 산봉우리에는 굵은 나무로 울타리를 쌓아 왜군이 쉽게 공격해 오지 못하도록 하였어요. 칼바람이 몸속으로 파고들었지만, 병사들은 추위도 잊은 채 공격 신호를 기다렸어요.

"따당! 땅! 땅!"

멀리서 왜군들의 조총 소리가 들렸어요. 공격이 시작된 거예요. 조선 병사들도 북소리에 맞추어 일제히 움직였어요. 점점 가까워 오는 왜군들을 향해 재와 고춧가루를 뿌렸어요. 겨울 바람을 타고 잿가루가 날아들자 왜군들은 눈을 제대로 뜰 수 없었어요. 이 틈을 타 조선 병사들이 화포를 쏘고, 돌을 퍼부었어요. 왜군들이 속속 쓰러져 가자 조선 병사들은 더욱 힘을 냈어요.

"돌이 떨어져 간다!"

조선 병사들이 외쳤어요. 그러자 뒤를 지키고 있던 부녀자들의 손길이 바빠졌어요. 부녀자들은 치마폭에 돌을 가득 담아 날랐어요. 한겨울에 맨손으로 돌을 나르느라 손은 이곳저곳이 터지고 피가 나 상처투성이였어요. 그러나 왜군의 침략 앞에 남자 여자를 구분할 수 없었어요. 모두 내 나라를 지키고자 목숨을 걸고 전투에 임했습니다.

부녀자들의 커다란 활약으로 조선군은 행주산성에서 큰 승리를 거둘 수 있었어요. 행주대첩은 임진왜란 중 적을 크게 무찌른 전투로 손꼽힌답니다.

조선

오성과 한음

이야기 하나

오성과 한음은 둘도 없는 단짝 동무였어요. 해가 뜰 때부터 저물 때까지 늘 함께 다니며 숙덕거리고 깔깔댔어요. 장난도 어찌나 짓궂은지 그들이 있는 곳에서는 사고가 끊이지 않았어요.

하루는 오성과 한음이 서당에서 글공부를 하고 있었어요. 그런데 가만 보니 훈장이 꾸벅꾸벅 졸고 있는 게 아니겠어요. 오성과 한음이 키득키득 웃자 졸음에서 깬 훈장이 무안한 듯 오히려 그들을 꾸짖었어요.

"예끼, 이놈들! 하라는 공부는 안 하고!"

"글공부를 하는데, 훈장님 코 고는 소리가 들려 놀란 것입니다."

"에헴! 나는 잠을 잔 게 아니라 꿈속에서 공자님을 뵙고 이야기를 나눈 것이다."

훈장이 둘러대며 공부나 하라고 꾸짖었어요. 그런데 이번에는 오성이 꾸벅꾸벅 졸았어요. 훈장의 불호령에 오성이 눈을 번쩍 뜨며 말했어요.

"훈장님, 저는 잠을 잔 게 아닙니다. 꿈속에서 공자님을 뵙고 온 것뿐입니다."

"그래, 공자님께서 뭐라고 하시더냐?"

"훈장님이 공자님을 뵈러 온 적이 없다고 하던데요."

머쓱해진 훈장이 다시 책을 펼쳤어요. 그러자 이번에는 한음이 꾸벅꾸벅 머리를 떨구었어요.

"이놈들! 정신 차리지 못할까!"

"훈장님, 저도 공자님을 뵙고 오는 길입니다."

"그래, 공자님은 너한테 뭐라고 하시더냐?"

한음이 배시시 웃으며 이렇게 대답했어요.

"공자님은 훈장님도, 오성도 만난 적이 없다고 하시던데요."

결국 오성과 한음은 훈장님께 회초리를 맞았답니다.

이야기 둘

오성과 한음이 감나무를 올려다보며 침을 꼴깍 삼켰어요.

"고것 참 잘 익었네. 우리 감 따서 먹자!"

그런데 가만 보자니, 감나무는 오성네 집 마당에 심어져 있었지만 감나무 가지들은 담을 넘어 옆집 마당에 뻗어 있었어요.

오성은 광주리를 들고 가 옆집 문을 두드렸어요.

"무슨 일이냐?"

"우리 집 감나무 가지가 이 집 마당으로 넘어가 감을 좀 따러 왔습니다."

오성이 말했지만 옆집 일꾼은 손사래를 쳤어요.

"무슨 소리냐! 우리 집으로 넘어왔으니 우리 감이지. 너희 줄 감은 없다!"

오성은 분이 나 씩씩거렸어요.

"이런 법이 어디 있나! 그 집 대감님께 따지러 가야겠어!"

"옆집 권 판사가 대감님은 호랑이처럼 무섭다고 소문이 자자하던데!"

권 판서는 임진왜란 때 행주대첩을 승리로 이끈 권율 장군의 아버지였어요. 마침 집 주인인 권 판서 대감이 글 읽는 소리가 들려왔어요. 오성은 당차게 옆집 사랑방 문 앞에 섰어요.

"대감님, 제가 여쭙고 싶은 게 있으니 제 행동을 한 번만 눈감아 주십시오."

그러더니 오성은 방문의 창호지를 찢으며 주먹을 방 안으로 찔러 넣었어요.

"대감님, 이 주먹은 누구 주먹입니까?"

"네 주먹이지 누구 주먹이겠느냐."

"그렇다면 우리 집 감나무가 담을 넘어 이 집으로 넘어왔는데, 그건 어찌하여 이 집 감이라고 하는 것입니까?"

오성의 물음이 무엇인가 싶어 방문을 연 권 판서 대감에게 오성은 조금 전에 있었던 일을 차근차근 설명했어요. 오성의 이야기를 들은 권 판서 대감은 오성의 주장이 옳다며 오성이 감을 딸 수 있도록 허락해 주었어요.

이렇게 오성과 한음은 어릴 때부터 지혜가 반짝였어요. 그런 덕분에 두 사람은 자라서 나란히 높은 벼슬자리에 올랐지요. 그리고 임진왜란으로 나라가 어려움에 빠졌을 때 외교에 힘써 큰 공을 세우고 존경을 받았답니다.

언제 무슨 일이?

1598년 전쟁은 조선의 승리로 끝났어요. 그러나 전쟁이 남긴 상처는 엄청났어요. 온 땅이 짓밟혀 농사를 지을 수가 없었고, 인구도 크게 줄었어요. 사회 질서 또한 엉망이 되었어요. 이런 혼란스러운 때에 오성과 한음의 이야기는 백성들에게 감동과 교훈을 주었답니다.

조선

조선을 짓밟은 청나라

이야기 하나

"명나라가 후금과 전쟁을 벌인다며 저희에게 군사를 보내 달라 요청하였습니다."

신하의 말에 광해군이 눈을 질끈 감았어요. 광해군의 고민을 눈치챈 신하가 재빨리 말했어요.

"전하, 조선이 명나라를 받들어 온 것은 사실이나 명나라는 점차 저물고 있는 반면 후금의 힘은 거대해지고 있습니다. 섣불리 명나라의 편을 들었다가는 후금이 가만히 있지 않을 것입니다."

"무슨 소리시오! 오랑캐 여진족의 나라인 후금의 편을 들라니!"

"그렇사옵니다, 전하! 명나라는 임진왜란 때 조선을 도와준 나라입니다. 명나라가 어려움에 처하면 마땅히 도와야한다고 생각되옵니다."

광해군은 깊은 고민에 빠졌어요. 아직 전쟁의 상처가 채 씻기지 않은 이때에 자칫 명나라나 후금의 심기를 잘못 건드렸다가는 다시 전쟁이 일어날지도 모르니까요.

광해군은 강홍립 장군을 불러 이렇게 말했어요.

"1만 군사를 이끌고 명나라로 가시오. 명나라를 돕는 척하되 후금을 꼭 이기려고 하지는 마시오. 후금의 눈 밖에 나는 것도 좋지 않소."

강홍립은 광해군의 명령에 따라 후금이 이길 듯한 분위기가 되자 곧바로 후금에 항복했어요. 한편, 조정에서는 심상치 않은 목소리가 흘러나왔어요.

"황제의 나라인 명나라를 배신하고 오랑캐에게 항복하다니! 이런 망신이 어디 있소!"

"출신이 천한 왕이니 그렇지요. 게다가 왕의 자리를 지키겠다며 동생을 죽이고 어머니까지 가두지 않았습니까. 저런 왕은 몰아내야 합니다."

결국 광해군은 왕의 자리에서 쫓겨나고 말았어요. 조선은 이렇게 안팎으로 여전히 불안한 상태였습니다.

광해군은 본래 왕비가 아닌 후궁에게서 태어난 아들이야. 훗날 아버지인 선조가 새 왕비인 인목대비를 맞으면서 영창대군이 태어났어. 이 때문에 조정은 왕인 광해군 파와 영창대군 파로 나뉘게 되었지. 이들의 갈등이 커지면서 광해군 파는 후환을 없애고자 영창대군을 죽이고, 인목대비를 유폐시켰어. 광해군은 이 일로 왕의 이름을 얻지 못한 채 '광해군'으로 남게 되었어.

이야기 둘

광해군이 물러나면서 조선은 다시 명나라를 받들었어요.

"조선이 우리한테 항복해 놓고 다시 명나라 편을 들고 있다고 합니다!"

1627년, 후금은 기다렸다는 듯이 조선을 공격했어요.

"후금의 3만 군사가 평양을 지나 한양으로 오고 있습니다!"

광해군의 뒤를 이어 임금이 된 인조는 두려움에 떨었어요.

"앞으로 명나라를 따르지 않고 후금과 형제처럼 지낼 테니 군사를 철수해 주십시오."

궁지에 몰린 인조가 제안하자 후금이 군사를 철수해 갔어요. 하지만 조선에서는 여전히 후금을 오랑캐의 나라라고 얕보며 명나라를 따랐답니다.

한편 후금은 명나라와의 큰 전쟁을 앞두고 있었어요. 그러면서 전쟁에 필요한 군사나 식량 등을 바치라고 조선에 명령했어요.

"기가 막히는 노릇입니다. 형제 관계를 맺어 준 걸로도 부족해 이제는 전쟁에 필요한 물자를 바치라니요! 이는 조선을 신하 취급하는 것입

니다. 더는 못 참겠습니다. 우리가 먼저 후금을 공격합시다!"

"감히 우리를 공격한다고! 조선은 지금이라도 우리의 신하가 되겠다고 굴복하고 왕자를 인질로 보내도록 하라."

이렇게 두 나라는 팽팽한 긴장 속에서 하루하루를 보냈어요.

후금은 나라의 힘을 더 키우는 한편, 나라의 이름도 '청'으로 바꿨어요. 1636년에는 12만 군사를 이끌고 다시 조선으로 쳐들어왔어요.

인조와 신하들은 우왕좌왕하다가 남한산성으로 몸을 피했어요.

"산성 밖을 청나라 군사들이 에워싸고 있습니다. 밖에서 군사들이 청나라 군사들과 싸우고는 있지만 번번이 지고 있습니다."

인조는 독 안에 든 쥐나 다름없었어요. 산성 안에서 40일 넘게 버텼지만 결국 청나라에 항복할 수밖에 없었어요.

굳게 닫혀 있던 남한산성 문이 열리며 인조가 모습을 드러냈습니다. 임금의 옷인 용포를 벗은 인조를 보며 백성들은 울부짖었어요. 인조가 굳은 얼굴로 한강의 삼전도 나루에 도착하니 청나라 황제인 태종이 높은 의자에 앉아 있었어요.

"조선은 청나라 황제께 신하의 예를 갖추어라."

인조는 무릎을 꿇고 엎드려 절하며 이마를 땅바닥에 찧었습니다. 세 번 절하고 일어난 인조의 이마에서는 붉은 피가 뚝뚝 떨어졌습니다.

조선

송시열과 충청 부사 이야기

어느 날, 송시열은 임금인 효종에게서 편지 한 통을 받았어요.

"군은 내 신하이기 전에 스승이십니다. 부디 한양으로 돌아와 나라와 임금이 나아갈 길을 알려 주십시오."

송시열은 나라가 뒤숭숭하자 벼슬을 내려놓고 고향으로 내려가 학문에만 몰두하고 있었어요. 그러던 그가 임금의 부름을 받고 소박한 짐을 꾸려 한양으로 향했습니다.

"거참, 앞이 보이지 않게 비가 쏟아지니 이를 어쩐담."

송시열은 어쩔 수 없이 주막에서 하룻밤을 머물고 가기로 했어요. 주막에는 시끌벅적한 한 무리가 있었어요. 무리 중 한 사람이 허름한 차림의 송시열을 위아래로 훑으며 말했어요.

"어디서 뭐하던 사람인지는 모르겠지만, 지금 이곳에 충청 부사께서 머물고 계시니 폐 끼치지 마시오."

거세게 내리는 비는 멈출 줄을 몰랐고, 주막에 머물던 사람들은 지루한 듯 하품만 쩍쩍 했어요. 한껏 빼입은 충청 부사가 뒷짐을 지며 송시열 곁으로 다가왔어요.

"이렇게 만난 것도 인연인데 소개나 하십시다. 난 이번에 장원급제하여 충청 부사로 발령받아 가는 길입니다."

"젊으신 분께서 벌써 큰 벼슬을 맡으시다니 참으로 훌륭하십니다."

송시열이 인자하게 웃었어요. 이때 조금 전 송시열을 훑어보던 사람이 새파랗게 질린 얼굴로 충청 부사에게 귓속말을 했어요.

'나리, 저 허름한 선비가 사실은 송시열 대감이시랍니다.'

충청 부사의 얼굴이 굳었어요. 비록 송시열을 한 번도 본 적은 없었지만 송시열의 명성은 익히 들어 알고 있었어요.

'송시열 대감을 몰라보고 무례하게 굴었으니, 이제 내 앞날은 캄캄해지겠구나!'

순간, 충청 부사는 이 자리를 벗어날 꾀가 떠올랐어요.

"어르신, 여기서 가까운 곳에 송시열 선생께서 지내고 있다 하던데 혹시 알고 계십니까? 제가 한때 송시열 선생께 가르침을 받은 적이 있어 꼭 다시 찾아뵙고 싶어서 그렇습니다."

송시열은 충청 부사의 말에 고개를 갸우뚱했어요.

"사실은 내가 그 송시열입니다만, 부사는 처음 보는걸요."

그러자 충청 부사가 대뜸 송시열에게 호통쳤어요.

"듣자하니 송시열 선생인 척하며 사기 치는 자가 있다고 들었소. 보아하니 그게 바로 당신이었군! 나이가 많아 보이니 이번만은 내가 그냥 참겠소! 또다시 그런 짓을 했다가는 그때는 용서하지 않을 것이오!"

충청 부사는 몹시 화가 난 척하며 일행들을 이끌고 주막을 떠났어요. 난데없는 일에 송시열은 얼이 빠져 있다가 이내 너털웃음을 지었어요.

"그 선비 하는 행동을 보고 벼슬아치로서 가져야 할 겸손함을 가르치려 했더니 오히려 내가 당하고 말았군. 저 정도 순발력과 대담함을 지닌 자라면 믿고 나랏일을 맡겨도 되겠어."

훗날, 효종이 인재를 찾자 송시열은 주저 없이 주막에서 만났던 젊은 선비를 추천했다고 합니다.

언제 무슨 일이? 1649년 조선 17대 왕 효종 즉위

효종은 청나라에 인질로 갔다가 조선으로 돌아와 임금이 되었어요. 전쟁으로 흐트러진 질서를 바로잡기 위해 능력 있는 학자와 선비들을 조정으로 불러 모아 개혁을 시도했어요. 효종은 무엇보다도 청나라에 대한 반감이 강했어요. 그래서 청나라에 복수하겠다는 '북벌론'을 주장했어요.

역사 깊이 보기

청나라 정벌의 꿈

어린 효종은 삼전도에서 아버지인 인조가 청나라 황제에게 굴욕적으로 항복하는 모습을 보았어요. 그리고 형인 소현세자와 함께 청나라에 인질로 잡혀갔어요. 그곳에서 명나라와 청나라 간의 전쟁에 참여하는 등 8년 동안 혹독한 인질 생활을 하다가 조선으로 돌아왔어요.

조선으로 돌아온 그는 청나라에 대한 원망이 강했어요. 언젠가는 꼭 청나라를 공격해 복수하겠다고 생각했지요.

조정의 분위기도 비슷했어요. 오랑캐라고 부르며 무시하던 청나라로부터 치욕을 당했을 뿐 아니라, 오랫동안 섬겨 오던 명나라마저 청나라 때문에 망할 위기에 처했으니까요.

청나라를 공격하자는 '북벌론'은 효종이 왕이 되면서 구체적으로 드러났어요. 효종은 군사를 늘리고 군사 시설을 대대적으로 손보았어요. 임진왜란 때 경험했던 '조총'을 떠올리고, 조총 부대를 만들어 훈련시키기도 했어요.

그러나 청나라에 맞서기엔 조선은 너무 허약했어요. 그래서 현실적인 판단을 하며 북벌론에 반대하는 자들도 있었어요. 이미 여러 차례의 전쟁을 겪으며 조선은 황폐해졌고, 백성들의 고통도 컸기 때문이에요.

효종은 북벌을 강하게 밀어붙이며 10년 가까이 준비를 했어요. 그러던 효종이 갑작스럽게 세상을 떠났어요. 뒤이은 숙종이 효종의 계획을 이어받았지만, 이즈음 청나라가 중국을 완전히 통일하면서 북벌론 역시 자연스럽게 사라졌어요.

3

서민 문화의 발달과 신분제 변화

전쟁이 지나간 자리는 처참했지만 조선 사람들은 주저앉지 않았어. 다시 논과 밭을 일궜고, 손재주를 이용해 필요한 물건을 만들었지. 시장에서는 활기차게 목소리를 높였어. 경제가 크게 발전하면서 문화가 꽃을 피웠고, 백성들은 더 잘 사는 법을 궁리했어. 꿈틀꿈틀 변화하며 새 시대를 맞이한 조선은 과연 어떤 모습이었을까?

영조와 사도세자

조선의 임금 영조는 신하들을 불러 모은 자리에서 이렇게 말했어요.

"조선의 신하들은 백성들을 위해 일하기는커녕, 편을 가르고 서로 헐뜯는 일에만 시간과 힘을 낭비하고 있으니 나라가 바로 설 수 있겠습니까? 이 싸움을 끝내고자 임금인 나부터 어느 한편으로 치우치지 않는 정치를 펼칠 것이며, 인재는 여러 당파에서 고루 뽑아 쓸 것입니다."

신하들이 웅성거렸어요.

이어 영조와 신하들 앞에 잘 차려진 음식들이 놓였어요. 영조는 음식들을 보며 미소를 지었어요.

"청포묵에 붉고 푸른 채소와 달걀지단이 버무려져 있습니다. 보기에도 좋고 맛까지 훌륭하니 우리가 바라는 정치가 이런 것 아니겠습니까? 내가 탕평(어느 편에도 들지 않고 공평하다는 뜻)을 선언하고 맛보는 음식이니, 이 음식을 '탕평채'라고 부릅시다."

"성은이 망극하옵니다, 전하."

그러나 영조의 바람과는 다르게 오랫동안 서로 비판하며 대립해 온 신하들의 갈등은 쉽게 없어지지 않았어요. 여전히 당쟁은 만연했지요.

영조의 아들 사도세자는 소론과 가까이 지냈어요. 자연스럽게 노론 신하들을 비판하는 일이 잦아졌지요. 노론 신하들은 사도세자에게 점점 불만이 쌓여 갔어요.

"세자께서 왕이 되면 어찌합니까? 우리를 이토록 미워하시니 그날로 우리는 끝나는 거 아닙니까?"

"이거 불안해서 못 살겠소. 손을 좀 써야겠소."

사림은 서인과 동인으로 나뉘어졌어. 동인은 다시 남인과 북인으로 나뉘어 대립했고, 서인은 노론과 소론으로 나뉘었어.

노론 신하들은 사도세자에 대한 온갖 험담을 퍼뜨리기 시작했어요. 이들의 계획이 통했는지 영조와 사도세자의 사이가 점점 벌어졌어요. 영조는 사도세자를 볼 때마다 엄하게 꾸짖었어요. 사도세자는 아버지가 무서워 어깨도 제대로 펴지 못했어요.

"어찌 자기 의견도 제대로 내놓지 못하면서 앞으로 이 나라의 임금이 될 수 있단 말이냐!"

결국 아버지의 그늘이 두려워 마음의 병까지 얻었지요. 가슴을 부여잡고 기절하는 일도 자주 일어났어요. 답답하고 화가 난 영조는 사도세자를 뒤주에 가두는 벌까지 내리고 말았어요.

"아바마마, 살려 주시옵소서!"

"뭣들 하고 있느냐! 당장 세자를 뒤주 속에 가두어라!"

신하들은 어쩔 수 없이 사도세자를 뒤주 안으로 밀어 넣었어요. 영조는 신하가 쥐고 있던 자물쇠를 빼앗아 직접 뒤주에 자물쇠를 채웠어요. 분을 삭히지 못한 영조는 몸을 부르르 떨었어요.

한여름 무더위에 뒤주 속에 갇힌 채 물 한 모금 먹지 못한 사도세자는 결국 8일 만에 목숨을 잃고 말았습니다.

사도세자가 숨을 거두었다는 소식에 영조는 눈물을 흘렸어요.

언제 무슨 일이? 1724년 조선의 21대 왕 영조 즉위

조선은 붕당들의 다툼으로 늘 긴장 상태였어요. 영조는 이런 붕당의 폐해를 끊고자 '탕평책'을 실시하였지요. 50년 넘는 재위 기간 동안 영조는 조선의 임금으로서 백성을 두루 살피고 정치와 문화를 발전시켰어요. 하지만 붕당들의 다툼 속에서 아들을 죽인 아버지이기도 했습니다.

이야기 하나 더

어린 세손을 도운 홍국영

영조가 어린 손주인 이산과 마주앉아 두런두런 이야기를 나누고 있었어요. 그러다 갑자기 생각나는 게 있어 이산에게 물었어요.

"옛 역사책을 보면 왕이 아들을 해치거나 아들이 왕을 노리는 부분이 나오지 않느냐. 그런 걸 보면 어떤 생각이 드느냐?"

영조는 이산의 아버지인 사도세자를 죽인 일이 늘 마음속에 무거운 짐으로 남아 있었어요. 하여 이산이 이 일을 어떻게 생각하고 있을지 궁금했어요.

이산은 아버지가 어떻게 죽었는지 생생하게 기억하고 있었어요. 그러나 그 일은 입 밖으로 꺼내기가 두려웠어요.

"그런 이야기는 모르는 게 나을 것 같아 그냥 찢어 버렸습니다."

이산은 자기도 모르게 거짓말을 했어요. 그러자 영조가 갑자기 대기하고 있던 홍국영에게 외쳤어요.

"여봐라! 가서 세손이 읽던 책을 모두 가져오너라!"

이산의 온몸이 순식간에 식은땀으로 젖었어요. 거짓말을 들키는 날엔 할아버지께 크게 혼날 게 분명했어요.

한편, 영조의 명령을 받은 홍국영은 분위기가 심상치 않음을 느꼈어요. 그는 이산의 방에서 이산이 보던 책을 찾아 부자 간에 해치는 내용이 있는 부분을 모두 찢었어요. 그런 후에 그 책들을 영조에게 갖다 주었어요.

영조는 이산의 말대로 책이 찢겨져 있음을 확인한 후에야 세손의 손을 잡아 주었어요.

이 일이 있은 후 이산은 홍국영을 깊이 신뢰하게 되었어요.

조선

백성을 위한 학문을 연구한 정약용

정조는 정약용이 만든 기계를 보고 눈이 휘둥그레졌어요.

"이것이로구나. 작은 힘으로도 무거운 물건을 들어올릴 수 있도록 하는 기계가!"

"예, 전하. 거중기가 있으면 작은 힘으로도 무거운 물건을 들어 올릴 수 있습니다. 기계를 이용하면 백성들의 고생을 덜 뿐만 아니라 전하께서 계획하신 화성을 완성하는 데 큰 보탬이 될 것입니다."

"화성을 짓겠다는 건 나의 계획이었으나, 네가 없으면 돌 하나도 제대로 쌓지 못했을 것이다."

정약용은 27세의 나이에 과거에 합격해 벼슬길에 올랐어요. 그런데 그는 여느 관리들과는 다른 생각을 품었어요.

'나라의 신하가 되어서 어찌하여 자신을 위한 공부만을 하는가? 백성들의 삶에 쓰이는 공부란 없는 것인가?'

정약용은 규장각 문턱이 닳도록 드나들며 과학과 수학, 의학, 건축에 관한 책을 두루 읽었어요. 정조는 이런 정약용을 눈여겨보았다가 화성의 설계를 정약용에게 맡겼어요.

화성을 설계하던 그는 거중기를 만들어 백성들의 일손을 덜어 주었어요. 덕분에 10년도 더 걸릴 일이 2년 반 만에 끝났어요.

정조는 실제 생활에 필요한 학문을 탐구하려는 정약용의 뜻을 잘 헤아리며 그를 특별히 아꼈어요. 그러자 그를 시기하는 자들이 생겨났어요. 그들은 눈에 불을 켜고 정약용의 흠을 찾았어요. 그럴 때마다 정조가 직접 나서 정약용을 감싸 주었어요.

그러나 정조가 세상을 떠나면서 상황이 바뀌었어요. 그를 헐뜯던 자들은 이때다 싶어 정약용에게 죄를 뒤집어씌웠어요.

"정약용과 그의 형제들은 나라에서 금지한 '서학'을 가까이 했으니 벌을 받아라!"

이 일로 정약용은 간신히 목숨만 구한 채

서학은 외국에서 들어온 학문을 말하는데, 그중에서도 특히 천주교를 말해. '신 앞에 모든 사람은 평등하다'라고 하는 천주교의 교리를 신분제 사회인 조선에서는 받아들일 수 없었을 거야.

전라남도 강진으로 귀양을 가게 되었어요. 그는 그곳에 작은 초가집을 지어 '다산초당'이라고 이름 붙이고, 더욱더 학문에 몰두했어요.

벼슬에서 내려와 가까이에서 본 백성들의 삶은 매우 비참했어요. 관리나 양반들은 여전히 자신들의 배를 불리는 일에만 관심이 있었어요. 게다가 나라에서 정한 제도들은 백성의 삶을 돌보지 못했어요.

'백성들이 잘 살 수 있게 하는 학문은 무엇일까?'

정약용은 답을 구하고자 많은 책을 읽으며 연구했어요. 그 연구를 바탕으로 지은 책이 〈경세유표〉와 〈목민심서〉예요. 이 책에는 열심히 일하는 백성은 굶지 않게 하고, 그러려면 관리들이 백성을 어질게 잘 다스려야 한다는 내용이 담겨 있어요.

정약용의 사상이 당시의 사회를 변화시키지는 못했어요. 하지만 신분이 높은 사람이건 낮은 사람이건 모두 더불어 행복하게 살기를 꿈꾼 그 마음만은 시대를 앞서간 게 분명해요.

언제 무슨 일이? 1776년 조선 22대 왕 정조 즉위

조선은 크게 발전하고 있었지만 백성들은 여전히 힘든 생활을 계속하고 있었어요. 그러자 몇몇 학자들이 이런 현실에 의문을 품고 모두 잘 사는 방법을 연구하기 시작했는데, 이들이 바로 실학자예요. '실학'이란 백성을 잘 살게 하고, 나라가 튼튼해지는 방법을 연구하는 학문이에요.

역사 깊이 보기

조선의 문화를 꽃피운 정조

정조는 창덕궁 안에 '규장각'이라는 도서관을 만들고, 책과 그림 등 학문에 관한 다양한 자료를 모았어요. 그러자 열의 있는 학자들이 규장각으로 모여들기 시작했어요. 학자들은 규장각에서 여러 학문적 성과를 냈고, 그 연구 내용들을 책으로 만들었어요. 이렇게 규장각은 조선 후기 학문 발달의 밑바탕이 되었어요.

그 덕분인지 정조 곁에는 훌륭한 인물이 많았어요. 정조는 신분에 상관없이 능력과 사람됨을 보고 인재를 뽑았어요. 그중에서 대표적인 인물이 정약용이에요. 정약용은 거중기를 만들어 정조의 화성 축조를 가능케 했고, 배다리를 만들어 정조의 화성 행차를 도왔어요. 그런 정약용을 정조는 든든히 뒷받침해 주었어요.

정조의 업적 중 가장 빛날 만한 것은 수원 화성을 지은 일이에요. 정조는 오랫동안 붕당 정치로 몸살을 앓고 있는 한양을 벗어나고 싶어 했어요. 그렇게 선택된 곳이 수원이에요. 아버지 사도세자의 무덤도 이곳으로 옮겼어요.

화성 축조는 당시의 새로운 지식과 과학 기술이 총동원되었어요. 건설 과정 역시 〈화성 성역 의궤〉를 통해 세세하게 기록되었어요. 이는 세계에서도 유례가 없는 일로 화성이 유네스코 세계문화유산으로 등재되는 데 결정적인 이유가 되었어요. 이 의궤에는 공사에 참여한 일꾼들에게 지급한 품삯까지도 상세히 적혀 있어요.

정조는 조선의 문화를 꽃피운 왕이에요. 그의 다양한 업적들은 지금까지도 훌륭하게 평가받고 있습니다.

조선

박지원의 열하일기

조정에서는 청나라 황제의 생일을 축하하기 위해 사신을 꾸렸어요. 사신단 중에는 박지원도 있었어요. 벼슬을 하고 있는 사촌 형의 도움으로 청나라에 가는 행렬에 참가할 수 있었지요.

'드디어 청나라에 가 보는구나. 그동안 책에서만 보아 온 청나라의 발전된 모습을 내 눈으로 직접 확인하겠어.'

박지원은 풍경 하나도 놓치지 않으려 눈을 반짝였어요.

'청나라는 변두리 도시까지도 길이 잘 닦여 있고, 사람과 수레가 즐비하구나. 이에 비하면 조선은 아직 갈 길이 멀어.'

박지원은 중국의 학자들과도 만나 다양한 이야기를 나누었어요. 청나라보다 발전하지 못한 조선에서 온 그였지만 조선의 뛰어난 문화를 이야기할 때에는 그의 어깨가 으쓱였어요. 중국 학자들은 역사와 경제, 예술, 천문학 등 많은 분야를 깊이 공부한 박지원의 식견에 깊이 감탄했답니다.

사신단 일행은 압록강을 지나 청나라의 수도 연경으로, 연경에서 열하를 들러서 다시 연경으로 돌아오기까지 약 5개월 동안 중국 곳곳을 둘러보았어요. 박지원은 구석구석을 세심하게 관찰하며 여행 틈틈이 일기를 썼어요. 한양으로 돌아와서는 3년이라는 시간을 쏟아 부어 일기를 책으로 펴냈어요.

"청나라를 오랑캐의 나라라고 무시해서는 안 된다. 그 오랑캐들은 중국의 오랜 전통을 받아들이고 서양의 문화를 새로 배워 자신들의 문화로 거듭나게 했다. 우리도 본받아 조선을 고쳐 나가야 한다."

당시 대부분의 양반들은 청나라를 야만스러운 오랑캐의 나라라며 무시했어요. 박지원이 쓴 〈열하일기〉는 양반들의 이런 생각을 비판하며 청나라를 본받자고 했기 때문에 지배층의 많은 비난을 받았어요. 때문에 〈열하일기〉는 정식으로 출판되지 못했어요.

그럼에도 〈열하일기〉를 보려는 사람들은 넘쳐났어요. 박지원의 집 마당은 〈열하일기〉를 베껴 쓰려는 사람들로 가득했어요. 이렇게 〈열하일기〉는 널리 퍼져 나갔어요.

"〈열하일기〉를 읽고 보니 책상에만 앉아 수천 년 전의 중국의 모습만 읽었던 내 모습이 한심해 보이는군. 지금 중국은 이렇게 앞서 나가고 있는데 말이야."

"연암의 문장은 또 얼마나 뛰어난가. 읽고 또 읽어도 새롭고 재미있네."

글을 짓는 데에 재능이 빼어난 박지원은 단편 소설을 쓰기도 했어요. 그는 〈양반전〉, 〈허생전〉 같은 작품들을 통해 체면만 중요하게 여기는 양반들을 비판하고, 당시의 사회 문제를 파헤쳤지요.

언제 무슨 일이? 1780년 박지원이 〈열하일기〉 씀

조선의 뛰어난 실학자 중 한 명인 박지원은 청나라의 앞선 문물을 받아들여 조선을 발전시키자고 주장했어요. 그 주장의 바탕에는 모든 인간은 소중하기에 양반이든 백성이든 모두 잘 살아야 한다는 생각이 깔려 있었어요. 실학자들은 이렇게 조선을 위한 치열한 고민을 멈추지 않았습니다.

역사 깊이 보기

외국에서 조선에 들어온 것들

조선 후기, 청나라에는 이미 서양의 신부들이 천주교회를 짓고 천주교를 전파하고 있었어요. 청나라를 다녀오는 사신들은 자연스럽게 서양의 문화를 접했고, 조선에 이를 전했어요.

외국의 문물을 접한 일부 양반 중에는 천주교를 따르려는 자들도 있었어요. 하지만 천주교는 조선 양반들이 오랫동안 익히고 따라온 규범과는 어긋나는 것들이 많았어요. 결국 천주교는 금지되었고, 정조는 서학 책들을 모두 불태우라고 명령했어요.

청나라를 통해 서양의 문물은 계속 들어왔어요. 특히 발전된 문화를 받아들여 조선을 바꿔 나가자고 주장했던 실학자들은 발 빠르게 외국의 문물을 익혔어요.

외국의 서적을 통해 천문학을 공부한 홍대용은 지구가 둥글고 스스로 돈다는 사실을 알게 되었어요. 또한 하늘이 평등하니, 하늘 아래에 있는 인간도 모두 평등해야 한다고 믿게 되었지요.

학문뿐만 아니라 서양의 과학 기술도 전해졌어요. 지금의 망원경과 같은 천리경, 정해진 시간에 저절로 소리가 나는 자명종 등이 이때 조선에 처음 소개되었지요. 당시로서는 눈이 휘둥그레질 정도로 놀라운 물건들이었어요. 정조와 정약용 등이 썼던 안경도 이때 들어왔어요.

식생활에도 큰 변화가 일었어요. 임진왜란 이후 일본과 중국을 통해 고추, 고구마, 감자, 옥수수 등이 조선에 들어왔어요. 채소 절임이었던 김치는 붉은색을 띠기 시작했고, 다양한 작물이 백성들의 주린 배를 채워 주었어요.

조선

조선을 그린 화가들

이야기 하나

"으랏차차! 그렇지, 잘한다!"

시장 어귀에서 씨름판이 벌어졌어요. 그 씨름판을 남정네들이 빙 둘러앉아 있었어요.

그 가운데 유독 한 사람만이 흥미진진한 표정으로 이 풍경을 유심히 관찰하고 있었어요.

"댕기머리를 한 청년, 갓을 쓴 양반. 저 양반은 답답한지 갓을 벗어 내려놓았군. 부채로 얼굴을 가린 사람, 턱을 괴고 있는 사람……. 엿장수는 씨름에는 관심 없고 엿만 팔고 있네."

그는 집으로 돌아오자마자 붓을 들었어요. 장에서 보았던 씨름판이 붓을 따라 종이 위에 펼쳐졌어요. 웃고 있는 사람을 그릴 때에는 자신도 모르게 입이 저절로 벌어져 웃음이 나왔고, 씨름 선수를 그릴 때에는 몸에 힘이 들어가 이가 앙다물어졌어요.

이 사람이 바로 조선의 화가 김홍도예요.

김홍도는 어릴 때부터 그림을 잘 그렸어요. 그의 실력을 눈여겨 본

사대부 화가 강세황은 김홍도에게 시와 그림을 가르쳤어요. 훌륭한 스승 아래에서 김홍도의 실력은 나날이 좋아졌어요. 스무 살이 되기 전부터 이미 도화서에서 일을 하기 시작한 김홍도는 영조의 어진(임금의 초상화)을 그리는 등 당대 최고의 화가였어요.

김홍도의 그림 솜씨는 조선에서 따를 자가 없었어요. 어떤 것이든 본 것과 꼭 닮게 그렸고, 산수화나 인물화 등 분야를 가리지 않았어요. 김홍도의 집 앞에는 그의 그림을 사려는 사람들로 늘 북적였어요.

조선 최고의 화가로 임금의 총애를 받은 그였지만 그가 가장 그리고 싶은 것은 백성들의 모습이었어요. 한때 벼슬자리도 얻었으나, 곧 그만두고 붓과 종이를 들고 백성들과 가까운 곳으로 갔어요. 그리고 평생을 사람들 목소리가 들리는 그림, 땀 냄새 나는 그림을 그리며 보냈답니다.

이야기 둘

신윤복이 그린 그림이 바닥에 내팽개쳐졌어요. 양반으로 보이는 남자와 여자가 애정 어린 눈길로 서로를 바라보는 그림이었어요.

"쯧쯧. 점잖지 못하게 이런 그림이나 그리다니. 이렇게 천박한 그림을 그리는 자는 도화서에서 일할 수 없네. 썩 나가게!"

신윤복의 할아버지와 아버지는 모두 도화서에서 일했어요. 신윤복도 재능을 물려받아, 도화서에서 일하게 되었지요. 그러나 신윤복은 양반의 체면을 깎아내리는 그림을 그린다는 이유로 도화서에서 쫓겨나고 말았어요.

"양반들은 사랑도, 연애도 안 하나? 어째서 천박하다는 거지?"

도화서에서는 쫓겨났지만 신윤복의 그림은 인기가 많았어요. 그의 그림에는 그동안 양반들이 점잖은 체하느라 감추고 숨겨 왔던 것들이 담겨 있었어요. 신윤복의 화풍은 벼슬에서 내려온 뒤로 더욱 자유로워졌어요. 그의 손 끝에서 조선의 모습이 새롭게 다시 태어나고 있었어요.

신윤복은 김홍도와 함께 조선 후기를 대표하는 화가로 손꼽히게 되었답니다.

언제 무슨 일이? 1781년 김홍도가 정조의 어진을 그림

조선 후기 사회는 많은 변화가 일던 시대였어요. 예술 분야에서는 그동안의 격식이나 체면에서 벗어나 다양하고 자유로운 시도가 행해졌어요. 단원 김홍도와 혜원 신윤복은 변화를 주도하며 새로운 그림 방식을 선보였어요. 조선은 이렇게 다양한 분야에서 다채로운 문화를 꽃피웠답니다.

역사 깊이 보기

조선의 화가라면 조선을 그려야지

김홍도는 〈씨름〉, 〈기와 올리는 그림〉, 〈서당〉, 〈빨래터〉 등의 그림을 통해 백성들의 모습을 익살스럽게 표현했어요. 그는 배경을 거의 없애고, 선과 먹물의 농도만으로 주제를 전달했어요.

신윤복은 〈단오풍정〉, 〈뱃놀이〉, 〈봄나들이〉 등의 작품을 남겼어요. 주로 양반을 주인공으로 등장시켰고, 이들이 나누는 사랑의 감정 등을 그림으로 표현하였어요. 신윤복은 그림을 그릴 때 배경까지 꼼꼼히 그려 넣어 분위기를 잘 살려내었어요. 다양한 색이 사용된 것도 신윤복 그림의 특징이라고 할 수 있어요.

두 화가는 같은 시대를 살며 많은 풍속화를 남겼어요. 두 사람 모두 백성에 대한 관심이 깊어 이를 그림으로 표현했지요.

그동안 조선의 미술은 중국을 따라하기에 급급했어요. 표현 기술을 베끼는 것뿐만 아니라 소재도 중국의 그림을 흉내 내었지요. 심지어 산수화를 그릴 때에도 조선의 산이 아닌 중국의 산을 그렸어요.

김홍도와 신윤복은 오랫동안 당연하게 여겨 온 이 틀을 깼어요. 조선의 화가라면 조선을 그리는 게 옳다고 생각했거든요. 조선의 산과 강을 우리의 독창적인 기술로 표현하고, 더 나아가 조선의 백성들이 사는 모습을 그림에 담으려 했어요. 조선의 분위기도 많이 달라져서 변화하는 예술을 받아들이는 데 크게 거리낌이 없었어요. 백성들의 지지와 사랑 속에 주체적인 그림 방식은 곧 자리를 잡았어요.

얼마 후 조선에는 조선의 자연 풍경을 직접 보고 그린 그림이 유행해요. 이를 '진경산수화'라고 한답니다. 진경산수화의 대표 화가인 정선은 인왕산의 풍경을 그린 〈인왕제색도〉 등 빼어난 작품을 많이 남겼어요.

조선

대동여지도

규장각에 들어간 김정호는 입이 떡 벌어졌어요.

"세상에! 나라의 최고 도서관답게 귀한 책과 지도들이 이곳에 다 있군요. 제가 진심으로 보고 싶어 했던 것들입니다."

김정호의 모습을 바라보며 최한기가 미소를 지었어요. 김정호는 서가에 꽂힌 한 지도를 펼쳐 꼼꼼히 살펴보았어요.

> 조선의 실학자인 최한기는 지도의 중요성을 깨닫고 있던 사람이었어. 신분이 낮은 김정호는 최한기의 도움으로 많은 자료와 정보를 모을 수 있었어.

"산과 강은 이렇게 표시하는구나. 그런데 이곳은 이렇지 않을 텐데요."

"지도가 잘못 됐다는 겁니까?"

최한기가 궁금한 듯 바싹 붙었어요. 그러자 김정호가 품에서 종이를 꺼내 최한기에게 보여 주었어요.

"이것은 제가 만든 지도입니다. 표시하는 방법은 엉망일지라도 여러 번 직접 다니며 만든 지도라서 정확합니다."

최한기는 김정호의 지도를 보고 깜짝 놀랐어요. 서툴지만 산과 강이 뚜렷하게 표시되어 있었고, 고을의 위치와 이름도 자세했어요.

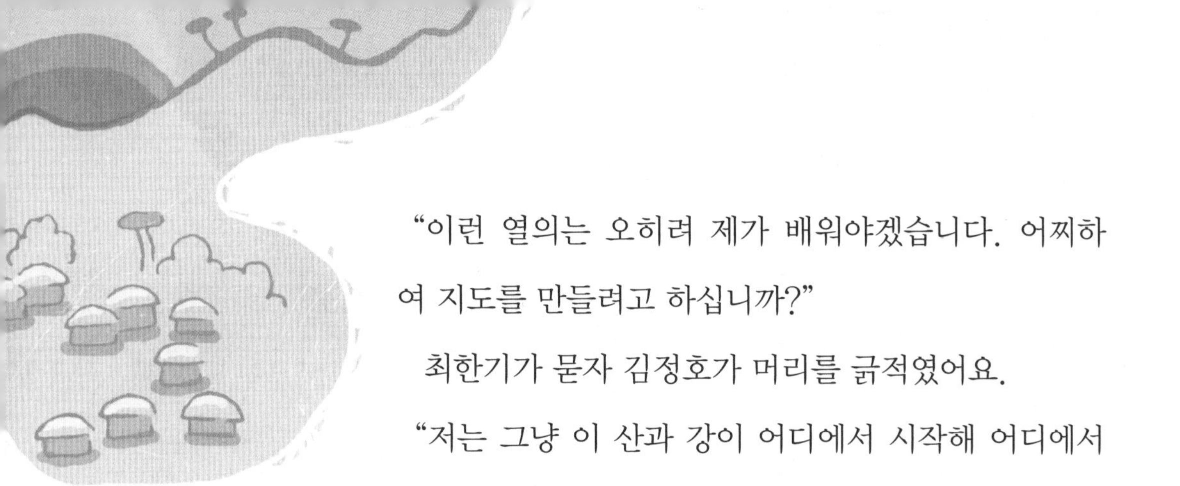

"이런 열의는 오히려 제가 배워야겠습니다. 어찌하여 지도를 만들려고 하십니까?"

최한기가 묻자 김정호가 머리를 긁적였어요.

"저는 그냥 이 산과 강이 어디에서 시작해 어디에서 끝나는지 궁금했습니다. 그 답이 담겨 있는 '지도'라는 것이 있다는데, 저 같은 천한 신분이 그런 귀한 지도를 어찌 볼 수 있겠습니까. 선비님을 알게 되고 제 뜻을 이해해 주시니 감사할 따름입니다."

김정호의 눈빛을 보며 최한기가 입을 열었어요.

"천하가 담겨 있는 것이 바로 지도입니다. 조선의 지도가 있다면 임금이 나라를 다스리는 데에 보탬이 될 것이고, 조선의 정치, 경제, 군사에서 큰 쓸모가 있을 것입니다. 하지만 조선의 지도는 아직 부족한 점이 많습니다. 그러니 지도를 만들어 보심이 어떻겠습니까?"

김정호는 최한기의 도움으로 지도 만드는 일을 시작했어요. 나라 안에 있는 지도란 지도는 모두 살펴보며 새로운 지도를 만들었지요. 서로 다른 내용이 있다면 그곳에 직접 가서 살피고 틀린 내용을 바로잡았어요. 이렇게 〈청구도〉라는 지도가 완성됐어요.

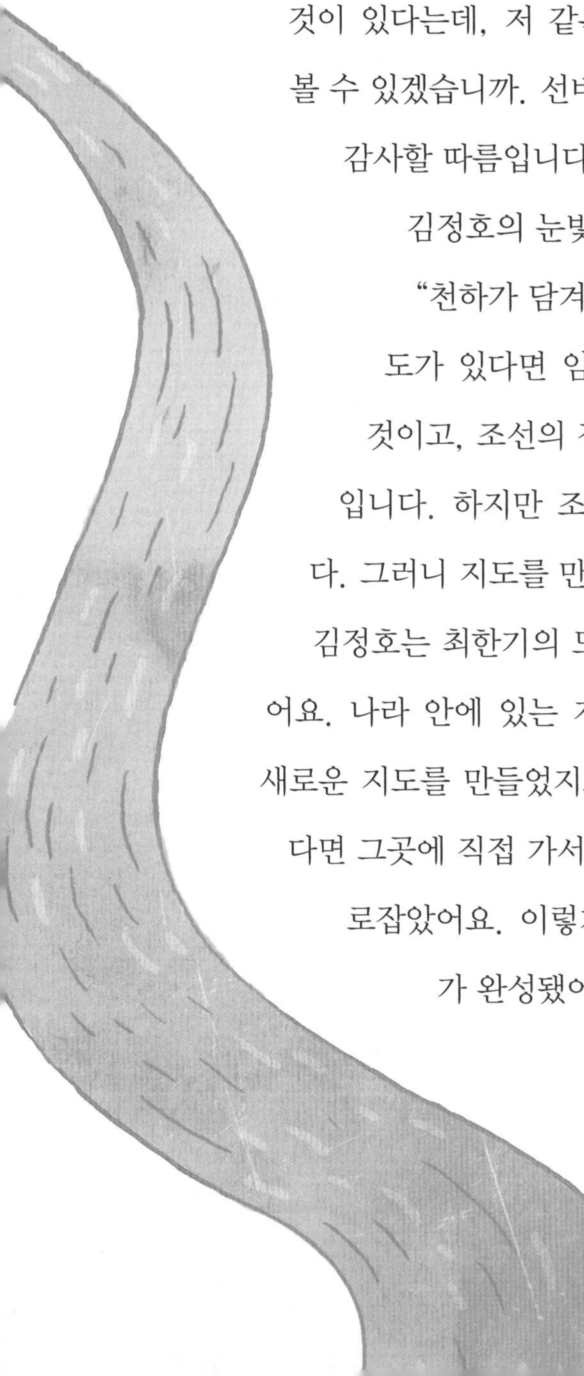

"이제 시작일 뿐이야. 더 완벽하고 쓸모 있는 지도가 필요해."

그는 오랜 시간을 들여 지도를 고쳐 나갔어요. 산의 높낮이, 강의 길이를 표시했고, 관청의 위치도 정확히 바로잡았어요.

"조선 사람이라면 누구라도 조선의 지도를 볼 수 있어야 해. 많은 사람이 지도를 보게 만들려면……. 그래! 지도를 목판으로 찍어 내자!"

김정호는 지도를 목판에 꼼꼼히 새겼어요. 얼마 후 조선의 모든 것이 정확히 담겨 있는 지도, 〈대동여지도〉가 세상에 나왔습니다.

언제 무슨 일이? 1861년 김정호가 〈대동여지도〉 완성

김정호는 조선의 지리학자예요. 그에 대한 자세한 기록은 거의 남아 있지 않아요. 하지만 그는 세 개의 지도와 세 권의 지리지를 남겼어요. 특히 〈대동여지도〉는 현재의 기술로 만든 지도와 비교해도 손색이 없을 정도로 높은 완성도를 지니고 있어요. 그는 척박했던 조선의 지리학을 발전시킨 위대한 지리학자였어요.

역사 깊이 보기

누구나 가질 수 있는 조선의 지도

〈대동여지도〉 이전에도 조선에는 지도가 있었어요. 그러나 그중 어느 것 하나도 정확하고 세밀한 지도는 없었어요. 김정호는 이를 바로잡고자 평생을 지도 만드는 일에 바쳤어요.

김정호는 〈대동여지도〉에 산과 강, 도로를 표시하고, 10리마다 점을 찍어 거리를 나타냈어요. 산이나 구불구불한 길에서는 점의 거리를 가깝게 찍어 실제 거리를 정확하게 알 수 있도록 했어요. 관청과 성곽, 나루터 등 실제 생활에 필요한 정보까지 꼼꼼히 그려 넣었지요.

김정호는 많은 사람이 이 지도를 볼 수 있기를 바랐어요. 그래서 목판에 지도를 새겨 넣어 얼마든지 찍어 낼 수 있도록 했어요.

〈대동여지도〉는 22개의 첩으로 나뉘어 있어요. 한 첩을 펼치면 동서로 뻗은 지도가 나타나고, 이 22첩을 세로로 모두 연결하면 가로 4미터, 세로 7미터의 거대한 지도가 나타나요. 한 첩을 포개어 접으면 책 한 권 크기이기 때문에 필요한 부분만 뽑아서 쉽게 갖고 다닐 수 있었어요.

정확한 지도, 누구든 쉽게 볼 수 있는 지도를 만들고자 했던 김정호. 조선의 지도 기술과 그의 의지가 모두 모인 결과물이 바로 〈대동여지도〉랍니다.

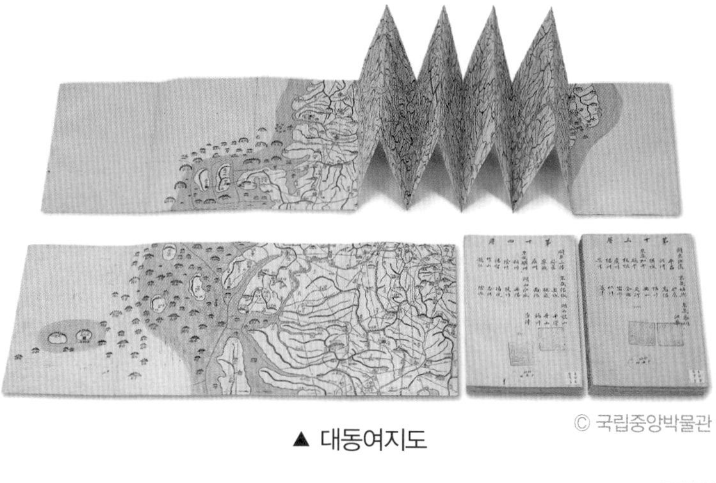

▲ 대동여지도

조선

백정의 조카가 된 어사 박문수

어느 마을에 백정 박돌이 살고 있었어요. 박돌은 부지런하고 칼 잡는 솜씨가 훌륭해 손님이 끊이지 않았어요. 차곡차곡 재물을 모아 먹고사는 일은 걱정이 없었지만 천한 신분이 그의 발목을 잡았어요.

"박돌아! 이리 와서 우리 집 짐 좀 나르거라!"

양반들은 박돌을 자기 집 종 부리듯이 했어요. 따르지 않았다가는 볼기짝에 곤장을 맞기 일쑤였지요. 심지어 동네 꼬마들도 박돌을 백정이라고 놀리며 얕보았어요.

그러던 어느 날, 고을 이방이 남몰래 박돌을 찾아왔어요.

"이보게, 박돌. 내가 돈에 눈이 멀어 나랏돈을 가져다 흥청망청 써 버렸지 뭔가. 이 일을 들키면 나는 죽은 목숨일세. 자네가 재산을 좀 보았다고 들었네. 나 좀 살려 주게나. 은혜는 잊지 않겠네."

박돌은 서슴없이 이방에게 돈을 건네고는 이렇게 말했어요.

"돈은 갚지 않으셔도 됩니다. 대신 제게 벼슬을 하나 주십시오."

목숨을 건진 이방은 약속대로 박돌에게 벼슬을 주었어요. 박돌이 양반이 된 거예요. 그러자 마을 양반들은 가만히 있지 않았어요.

"가장 천한 백정이 벼슬을 하다니 하늘이 노할 일이오!"

박돌은 안 되겠다 싶어 전 재산을 들고 함경도로 갔어요. 그곳에 집을 지은 뒤 두루마기를 입고 갓을 쓰며 양반 행세를 했지요.

"처음 뵙는 분인데, 어느 가문의 양반이시오?"

마을 사람들이 궁금해 묻자 당황한 박돌은 조선에서 가장 유명한 어사인 '박문수'를 떠올리며 거짓으로 둘러댔어요.

"바, 박문수가 내 조카요!"

마을 사람들은 박돌의 말을 믿고 잘 따랐어요. 박돌도 마을 사람들을 어질게 대해 존경을 받았어요.

어느 날, 어사 박문수가 이 마을을 지나게 되었어요.

박문수는 영조 때 활동한 어사야. 옳고 그른 일을 날카롭게 가리고, 백성들의 편에 서서 탐관오리를 엄하게 다스렸지. 조선에서는 박문수를 모르는 사람이 없었대.

"어사 나리, 먼 길을 오셨는데, 삼촌이라도 뵙고 가셔야지요."

박문수는 마을 사람들의 말이 황당했지만 궁금하기도 해 박돌의 집을 찾아갔어요. 박돌은 자신을 찾아온 사람이 박문수라는 사실을 알고 바닥에 냅다 엎드렸어요.

"아이고, 죽을죄를 지었습니다. 그러나 어사 나리를 욕보이려고 그런 것은 아닙니다. 사람답게 살고 싶었을 뿐입니다."

박돌은 지난 이야기를 모두 털어놓았어요.

"네 신분이 천한 것은 사실이나 어질고 곧은 품성은 양반이 될 자격이 충분하다. 마을 사람들도 이미 너를 존경하며 잘 따르고 있지 않느냐."

박문수는 박돌의 일을 눈감아 주고는 돌아갔어요. 박돌은 이에 감동해 한양에 있는 박문수의 집에 온갖 재물을 보냈어요. 박문수의 동생이 집안에 쌓인 재물을 보고 박문수를 다그쳤어요.

"형님, 청렴하게 나랏일을 하신다더니 집안에 웬 재물입니까? 뇌물이라도 받으신 겁니까?"

박문수가 사실대로 얘기하자 동생은 더 화를 냈어요.

"백정이 돈을 주고 양반이 된 걸 어찌 눈감아 주셨습니까? 형님께서 못하신다면 제가 가서 벌하고 오겠습니다."

동생이 떠나자 박문수는 재빠르게 박돌에게 편지를 썼어요. 편지를 받은 박돌은 마을 사람들을 불러 모아 이야기했어요.

"한양에서 내 조카가 오고 있네. 그런데 이 조카가 정신병이 좀 있으니 걱정이네."

이때 박문수의 동생이 들이닥쳤어요.

"이 백정 놈아! 어디서 양반 행세를 하느냐!"

"저런! 정신병이 있다더니 아주 단단히 미쳤군. 어르신께 백정이라고 하다니. 어르신을 해치려 하니 저놈을 가두어야겠다!"

광에 갇힌 박문수의 동생은 물 한 모금 먹지 못한 채 며칠을 굶었어요. 이쯤 되니 화난 마음은 사라지고 배가 고파 눈이 뒤집힐 지경이었어요. 박돌은 일꾼들을 시켜 말했어요.

"그만들 하고, 이제 내 조카를 풀어 주게. 오래 굶주렸으니 푸짐하게 잘 대접하도록 하고."

눈앞에 푸짐한 잔칫상이 차려지자 박문수의 동생은 허겁지겁 음식을 먹어 치웠어요. 그러고 나서는 이 말 한마디를 남기고 한양으로 내뺐다고 해요.

"삼촌, 제가 죄송했습니다. 다시는 오지 않을 테니 편히 지내세요."

언제 무슨 일이?

경제가 발전하면서 조선의 모습은 많이 달라졌어요. 양반이라고 무조건 떵떵거릴 수 있는 것도 아니고, 신분이 낮아도 돈이 있으면 벼슬을 살 수 있었어요. 경제력이 중요하게 여겨지면서 오랫동안 조선을 지탱해 온 신분 제도가 흔들리기 시작했으며, 백성들의 의식도 바뀌어 갔어요.

박색고개 전설

기생 월매의 딸 춘향은 인물이 볼품없었어요. 눈은 쪽 찢어지고, 코는 납작하고, 입술은 두텁고, 피부는 두꺼비처럼 울퉁불퉁했어요.

춘향은 우연히 만난 이몽룡을 보고 심장이 터질 듯 뛰었어요. 사랑에 빠진 거예요. 그 마음이 병이 되어 결국 자리에 드러눕고 말았어요.

"그분을 한 번만 가까이에서 볼 수 있으면 좋겠어……."

"못난 것아! 기생 딸이 귀한 집 도령을 좋아해서 어쩐단 말이냐! 넘볼 사람을 넘봐야지."

월매는 시름시름 앓는 딸을 보며 가슴이 미어졌어요. 그때 춘향을 돌보던 몸종 향단이 눈에 들어왔어요. 눈은 반달 같고, 코는 오똑하고, 입술은 앵두 같고, 피부는 백자처럼 하얗고 매끈했지요. 월매는 춘향을 살릴 좋은 생각이 떠올랐어요.

얼마 뒤, 향단이 곱게 차려 입고 광한루에서 그네를 타고 있었어요. 이몽룡의 몸종인 방자는 미리 월매에게 부탁을 받고 얼마간의 돈까지 챙긴 뒤였

어요. 방자는 일부러 이몽룡을 향단이 잘 보이는 곳으로 데려 갔어요.

"뉘집 처자인지 몰라도 참 곱구나."

이몽룡이 향단을 보며 감탄했어요.

"기생 월매의 딸 춘향이지요. 춘향에게 관심이 있으시거든 한번 만나러 가 보시겠어요?"

이몽룡은 방자의 꼬임에 넘어가 춘향의 집으로 갔어요. 월매는 이몽룡을 반기며 술상을 푸짐하게 준비했어요. 이몽룡은 춘향이, 아니 향단이에게 푹 빠져 연거푸 술을 들이켰어요.

결국 이몽룡은 잔뜩 취해 자리에 벌러덩 드러눕고 말았어요. 그러자 향단이 물러나고 진짜 춘향이 이몽룡에게 다가왔어요.

"꿈에서나 보던 분을 드디어 만나 뵙다니. 흑!"

잠에서 깬 이몽룡은 옆을 지키던 춘향을 보고 깜짝 놀랐어요. 춘향이 사실대로 털어놓자 깜빡 속은 것을 안 이몽룡이 자리를 털고 일어났어요. 그리고 얼마 뒤 과거를 보러 한양으로 떠났어요.

춘향은 슬픈 마음에 더 큰 병을 얻어 결국 죽고 말았어요.

그런데 춘향의 무덤이 있는 박색고개에서는 밤마다 처녀의 구슬픈 울음소리가 들려왔어요. 그리고 이 고을에 새로 오는 사또마다 처녀 귀신을 보았다며 헐레벌떡 떠나기 일쑤였어요.

박색고개의 흉흉한 소문은 과거에 급제한 이몽룡의 귀에도 들어갔어요.

"혹시 춘향이가?"

이몽룡은 사또가 되어 고향으로 돌아왔어요. 아니나 다를까, 박색고개에서 이몽룡 앞에 나타난 처녀 귀신은 춘향이였어요.

"사또가 되어 다시 돌아오실 날만을 기다리고 있었습니다."

이몽룡은 지난 일을 사과하며 춘향을 달래 주었어요. 그러자 더 이상 박색고개에서 처녀의 울음소리가 들리지 않았다고 합니다.

언제 무슨 일이?

양반과 천한 신분이 함께 어울린다는 것은 이전에는 상상도 할 수 없는 일이었으나 이미 이 시대에는 문학 작품 등을 통해 신분의 벽이 허물어지고 있었어요. 〈양반전〉, 〈허생전〉 등의 작품도 양반을 비꼬고 풍자하는 내용을 담고 있어서 백성들로부터 큰 인기를 얻었어요.

역사 깊이 보기

양반을 비웃는 백성들

조선 후기는 구전 설화나 판소리들이 본격적으로 문자로 기록되던 시기였어요. 박색고개에 관련한 설화는 훗날 〈춘향전〉으로 내용이 바뀌며 완성되어 큰 인기를 얻었지요.

조선의 백성들은 왜 춘향의 이야기를 좋아했을까요? 기생의 딸이 양반집 도령과 사랑에 빠진다는 설정은 실제로는 불가능한 일이었어요. 하지만 소설에서는 신분을 뛰어넘어 사랑을 속삭일 수 있었어요. 그리고 그것은 사람들의 욕구를 채워 주었지요. 이는 예전에는 상상도 할 수 없던 일이었어요. 조선 후기에는 신분 질서가 흔들리면서 이러한 것들이 소설을 통해서 표출되기 시작했어요.

탈춤 역시 백성들이 즐기던 문화 가운데 하나였어요. 〈양반춤〉이라는 탈춤에서는 노비인 '말뚝이'가 양반들을 비꼬고 비판하며 웃음거리로 만드는 장면이 등장해요.

> 말뚝이 : 쉬이! 양반 나오신다! 개잘량 '양'자에 개다리소반이라는 '반'자를 쓰는 양반이 나오신단 말이오!

양반과 농민, 상인, 노비는 하늘의 이치에 따라 신분에 맞는 생활을 해야 한다는 것이 조선을 오랫동안 지배해 온 생각이었어요. 하지만 양반들 중에는 백성들을 괴롭히며 자기 배를 불리는 자들이 많았어요. 반면 능력이 없어 배를 굶는 양반도 있었지요. 백성들의 의식이 깨어나면서 신분의 틀은 허물어지기 시작했고, 양반의 권세 또한 예전 같지 않았습니다.

조선

노비 막동이 이야기

양반가 송씨 집안은 한때 모두가 우러러보던 가문이었어요. 하지만 지금은 상황이 달라졌어요. 양반이라 해도 굶는 날이 더 많았고, 몰락한 양반이라며 손가락질을 당했어요. 집에서 일하던 노비들은 도망간 지 오래였고, 그나마 손재주가 좋아 밥벌이가 되었던 노비 막동이마저 도망가자 송씨 집안은 난처해졌어요.

그로부터 오랜 세월이 흘렀어요.

어른이 된 아들 송생은 먹고 살 길을 찾으러 길을 떠났어요. 가는 길이 멀고 고되어 잠시 쉬어갈 곳을 찾으니 어떤 사람이 이렇게 일러 주었어요.

"최승지 대감 댁을 찾아가 보시오."

송생은 최승지의 집에서 식사와 잠자리를 대접받았어요. 후한 대접에 감동한 송생은 최승지에게 감사 인사를 하러 갔어요.

그런데 송생의 얼굴을 본 최승지의 낯빛이 어두워졌어요.

"어찌 알고 저를 찾아오셨습니까?"

어리둥절해하는 송생을 보고 최승지가 입을 열었어요.

"나리, 제가 나리 댁에서 일하던 노비 막동이입니다. 오래전 일이고, 제 행색이 많이 변하여 못 알아보신 듯합니다."

송생은 깜짝 놀랐어요. 자기네 집 노비였던 막동이가 양반이 되어 번듯하게 살고 있다니요.

"그때 나리 집을 도망쳐 나와 눈앞이 깜깜했지만 다행히 손재주가 있어 돈벌이를 할 수 있었습니다. 죽기 살기로 일하니 제법 돈이 모였고, 그러자 글을 배우고 싶은 마음까지 들더군요. 글을 배워 과거를 치렀고, 과거에 급제해 이렇게 벼슬까지 하며 살게 되었습니다."

무릎을 꿇고 있던 송생이 자세를 바꾸자 최승지가 말했어요.

"보는 눈이 있으니 낮에는 저와 친척인 척하시며 제 가문을 빛내 주시고, 밤에만 주인 노릇을 하시는 게 어떻겠습니까?"

송생도 이 제안을 받아들였어요. 최승지는 옛 주인의 정을 떠올리며 송생에게 1만 냥을 주어 돌려 보냈어요.

1만 냥을 들고 고향으로 돌아온 송생은 사촌에게 이 놀라운 일을 이야기했어요. 그러자 사촌이 몹시 화를 냈어요.

"아무리 시대가 변했다고 해도 양반은 양반이요, 노비는 천한 노비일 뿐입니다. 어찌 그런

제안을 받아들였습니까?"

그 길로 사촌은 최승지의 집을 찾아가 불호령을 내렸어요.

"천한 노비 놈이 주제를 잊고 양반 행세를 하고 있구나!"

그러나 사촌은 난데없이 소란을 부렸다는 이유로 하인들에게 끌려갔어요. 흠씬 두들겨 맞고 광에 갇힌 사촌은 세상이 바뀌었음을 한탄하며 눈물을 흘렸어요. 이때 최승지가 다가왔어요.

"과거에 너무 연연하지 마십시오. 여기 삼천 냥을 드릴 테니 돌아가셔서 앞날을 사세요."

사촌은 삼천 냥을 받고 풀려났어요. 그러고는 두 번 다시 이 일을 입 밖에 내지 않았다고 합니다.

언제 무슨 일이?

조선 후기, 신분의 벽은 서서히 허물어지고 있었어요. 나라에서는 돈이나 곡식을 받고 '공명첩'을 팔았어요. '공명첩'이란 이름이 적혀 있지 않은 임명장으로, 그것에 이름을 적어 넣으면 누구나 양반이 될 수 있었어요. 가난한 양반의 호적을 사거나 아예 거짓 족보를 만들어 양반 행세를 하는 사람도 많았어요.

추노 설화

박 도령은 수소문 끝에 도망친 노비들이 모여 사는 곳까지 왔어요.

'네놈들이 내 아버지를 죽이고도 잘 살 수 있을 것 같으냐!'

박 도령의 아버지는 양반임에도 생활이 어려워지자 도망간 노비들을 잡으러 다녔어요. 노비는 곧 재산과 다름없었기 때문에 도망간 노비를 잡아다 주면 몇 푼의 돈을 받을 수 있었어요. 박 도령의 아버지는 노비들을 잡다 죽었고, 박 도령은 복수를 다짐했어요.

"누구냐, 너는?"

험상궂게 생긴 노비가 박 도령을 경계했어요.

"주인으로부터 도망쳐 나온 노비이니 함께 지내게 해 주시오."

박 도령은 자신이 도망친 노비인 척했어요. 때를 살펴 복수할 기회를 노릴 속셈이었지요. 박 도령은 그곳에서 노비들과 함께 지내며 노비의 딸과 혼인까지 하게 되었어요.

하지만 꼬리가 길면 밟히는 법. 박 도령의 정체가 밝혀지고 말았어요. 품에 지니고 다녔던 노비 문서를 들키고 말았던 거예요. 늦은 밤, 노비들이 박 도령의 거처를 습격했어요. 자고 있는 박 도령을 칼로 찔렀어요.

"아니, 당신이 어째서?"

노비들이 박 도령인 줄 알고 찌른 사람은 박 도령의 부인이었어요. 지아비를 살리기 위해 박 도령으로 분장하고 죽음을 기다렸지요.

겨우 도망쳐 목숨을 건진 박 도령은 과거를 치르고 장원으로 급제했어요. 암행어사가 된 박 도령은 노비들을 붙잡고, 아버지와 아내의 시신을 찾아 장사를 치러 주었어요.

4

척화와 개화

조선의 바깥, 그러니까 서양의 힘센 나라들은 동양을 식민지로 만들고 싶어 했어. 조선은 엄청난 발전을 이룬 서양 세력을 만났을 때 어떻게 반응했을까? 나라의 문을 걸어 잠글 것인가, 아니면 나라의 문을 열고 서양을 받아들일 것인가? 이 문제는 당시 조선에게는 매우 중요한 문제였어. 나라의 운명이 달린 이때, 조선은 어떤 결정을 내렸을까?

조선

억울해서 못 살겠다

사람들은 고향으로 돌아오는 홍경래를 보며 혀를 찼어요.

"쯧쯧. 또 과거에서 낙방한 모양이야. 한양에서 평안도 사람에게 벼슬을 줄 리가 없지. 똑똑한 사람이 운도 없네. 쯧."

평안도 지방은 오랫동안 차별을 받아왔어요. 실력이 있어도 과거에 급제하기 힘들었고, 과거에 급제해도 높은 벼슬에 오르기 힘들었어요. 심지어 평안도 사람과는 혼인하는 것도 꺼렸어요.

'단지 평안도 사람이라는 이유로 차별받아야 하다니 말도 안 돼. 게다가 몇몇 가문이 한양을 움켜쥐고 쥐락펴락하고 있잖아. 그들은 백성이 고통받는 일에는 관심도 없어. 잘못된 정치는 뜯어고치고 바로잡아야 해.'

이때 조선은 임금의 외척인 몇몇 가문이 정치를 쥐고 흔들었어. 이런 걸 '세도 정치'라고 해.

홍경래는 사람을 모으려고 이렇게 소문을 냈어요.

"광산에서 일할 사람을 찾습니다."

이 소식을 들은 사람들이 돈을 벌려고 삼삼오오 광산으로 모였어요. 과한 세금에 고통받던 농민, 실력은 있으나 가난해 뜻을 펼치지 못하던 양반, 집도 밭도 없어 떠돌던 가난뱅이 등이 모였어요.

홍경래는 사람들에게 차근차근 자신의 뜻을 설명했어요. 그러자 사람들은 저마다 마음속에 담아 두었던 불만을 터뜨렸어요.

“흉년에 쫄쫄 배를 곯는데 세금을 안 낸다며 매질까지 당했소. 굶어 죽기 전에 맞아 죽을 것 같아 도망 다니는 신세가 됐지!”

“옳소! 벼슬아치들은 일도 하지 않으면서 배를 불리지만 우리는 뼈 빠지게 일을 해도 밥을 굶으니 억울하오!”

백성들의 원망은 높았어요. 모두 홍경래와 뜻을 같이 하겠다고 했지요. 홍경래는 광산에서 무기를 만들고 백성들에게 군사 훈련을 시켰어요. 무려 10년의 세월 동안 철저하게 준비했어요.

“때가 되었습니다! 백성들의 피를 빨아먹는 탐관오리를 벌주고, 한양까지 나아가 썩어빠진 조선의 정치를 뿌리 뽑읍시다!”

홍경래의 군사는 무섭게 일어났어요. 곧 평안도 지역을 차지했지요.

"큰일 났습니다! 평안도에서 홍경래가 난을 일으켰습니다!"

조정에서 급히 군사를 보냈어요. 하지만 홍경래의 군사는 만만치 않았어요. 엎치락뒤치락 싸움을 이어갔지만 조정에서 쉴 틈 없이 군사를 보내자 홍경래의 군사는 결국 정주성 안으로 도망가고 말았어요.

예상과는 달리 홍경래의 군사는 정주성 안에서도 굳건히 버텼어요.

"안 되겠다. 성 밑에 땅을 파고 화약을 설치해 성을 무너뜨려라. 이렇게 하면 홍경래 그놈도 어쩔 도리가 없을 것이다."

마침내 3개월을 넘게 버텨 오던 정주성 성벽이 와르르 무너져 내렸어요. 정주성 안에는 3000명이나 있었어요. 그중에 절반이 넘는 1900여 명이 목숨을 잃었어요. 홍경래도 붙잡혀 목숨을 잃었어요. 세상을 뒤엎으려 했던 그의 꿈도 무너지고 말았습니다.

언제 무슨 일이? 1811년 홍경래의 난
1862년 진주 농민 항쟁

조정의 관리로부터 지방의 관리들에 이르기까지 그들은 자기들의 욕심을 채우느라 바빴어요. 그들은 백성들에게 과한 세금을 매겼고, 백성들의 삶은 처참했어요. 마침내 홍경래가 난을 일으켰어요. 홍경래의 난은 실패로 돌아갔지만, 이 일은 훗날 전국에서 일어난 농민 항쟁의 씨앗이 되었습니다.

이야기 하나 더

방랑시인 김삿갓

평안도의 높은 관리였던 김익순도 홍경래의 공격을 받았어요. 김익순은 죽는 것이 두려워 홍경래에게 항복하고 말았어요.

홍경래의 난이 진압되자 김익순은 다시 두려웠어요. 조정에서 자기가 항복한 사실을 알면 역적이라 하여 살려 두지 않을 테니까요. 궁리 끝에 김익순은 아랫사람에게 이렇게 시켰어요.

"홍경래의 군사 중 우두머리인 김창시가 아직 살아 있지? 그자의 목을 베어 오면 내가 천 냥을 주겠네."

얼마 뒤 김익순은 자기가 김창시를 없앴다며 거짓으로 조정에 알렸어요. 이렇게 목숨을 구하고는 아랫사람과 한 약속은 모른 체 시치미를 뚝 뗐어요. 그러자 화가 난 아랫사람은 김익순이 꾸민 일을 조정에 낱낱이 일러바쳤어요. 결국 두 사람은 벌을 받아 목숨을 잃었어요.

세월이 흘러, 이 마을에서 나고 자란 김립이 한 백일장에서 쓴 글이 상을 받았어요. 김립의 어머니가 시험에 어떤 문제가 나왔는지 물었어요.

"벼슬아치가 가져야 할 마음가짐에 대해 묻기에, 오래전 홍경래가 난을 일으켰을 때 김익순이라는 자가 벌인 일을 비판했습니다. 어렸을 때부터 마을에서 들어 잘 알고 있었습니다."

그러자 어머니의 표정이 굳었어요. 어머니는 힘겹게 말했습니다.

"아들아, 김익순이 바로 네 할아버지시다."

김립은 큰 충격을 받았어요. 할아버지를 욕되게 하고 벼슬자리를 얻다니요. 그는 관직을 내놓고 신분을 숨기기 위해 삿갓을 썼어요. 세상을 떠돌며 훌륭한 글을 지어 남긴 그를 사람들은 '김삿갓'이라고 불렀답니다.

조선

나라의 문을 굳게 닫아라

"서학은 나라의 질서를 어지럽히고 백성들을 혼란에 빠뜨리는 학문입니다. 온 나라의 백성들이 서학을 금지해야 한다며 목소리를 높이고 있으니 이를 귀담아 들으셔야 합니다."

'서학'은 천주교를 말해. 백성들 사이에서 빠르게 퍼져 나갔지. 하지만 당시 조선의 사상이나 규범과는 다른 면이 많아서 반대하는 목소리도 컸어.

흥선대원군은 전국에서 올라온 상소문을 살펴보았어요. 상소문은 대부분 조선에 빠르게 퍼져 나가고 있는 서학을 반대하는 내용이었어요.

'청나라도 서양 오랑캐들이 쳐들어와 난리를 겪었지. 거대한 청나라도 서양 오랑캐 앞에서 힘을 못 쓰는 걸 보면 아무래도 서양과는 멀리 하는 게 낫겠어. 그렇다면 서학도 막아야지.'

흥선대원군은 고종의 아버지로, 어린 임금 대신 권력을 쥐고 나랏일을 대신했어. 조선을 부패시키는 원인을 세도 정치라고 보고, 세도 정치를 주도하던 가문을 몰아냈어. 임진왜란 때 불타 없어진 경복궁을 새로 짓기도 했지.

흥선대원군은 서학인 천주교를 뿌리 뽑겠다며 수천 명의 천주교 신자들과 조선에 있던 9명의 프랑스 신부를 처형했어요.

프랑스에서는 자기 국민이 처형당했다는 사실을 알고 가만히 있지 않았어요. 거대한 군함을 앞세워 강화도에 도착해 조선을 협박했어요.

"조선은 우리 국민을 해친 대가를 치르고, 앞으로 프랑스와의 교류에 적극적으로 협력하라."

"서양 오랑캐들로부터 나라를 지키는 일이 우리가 할 일이다!"

흥선대원군은 한 발도 물러서지 않았어요. 결국 강화도에서 프랑스 군과 조선군의 전투가 벌어졌어요. 프랑스 인들이 가져온 거대한 군함과 무기들이 강화도를 뒤흔들었지요. 조선의 군사들은 눈을 질끈 감고 맞서 싸웠어요.

엎치락뒤치락 끝에 조선군이 승리했어요. 승리의 기쁨도 잠시, 프랑스 군대는 외규장각에서 책과 보물을 훔친 뒤 그곳을 불태워 버렸어요.

얼마 뒤, 강화도에 낯선 배가 다시 도착했어요.

"미국 군함이 강화도에 도착해 백성들을 위협하고 있습니다."

몇 해 전, 미국의 제너럴셔먼 호가 평양에 들어와 교류를 하자며 횡포를 부린 적이 있었어요. 화가 난 평양의 군사들과 시민들이 배에 불을 질렀어요. 미국은 이 일을 꼬투리 잡아 다시 쳐들어온 것이었어요.

"조선은 지난 일을 배상하고, 앞으로

우리와 교류할 것을 약속하라."

흥선대원군은 이번에도 맞서 싸우라고 명령했어요. 서양의 강한 군대와 무기 앞에 조선의 군대는 상대가 되지 않았어요. 하지만 조선의 병사들은 이를 악물고 버티며 끝까지 물러서지 않았어요. 그 결과 미국은 아무 성과 없이 자기네 나라로 돌아가야 했답니다.

"조선은 서양 오랑캐와도 싸워 이길 수 있다. 서양 오랑캐는 우리가 직접 막는다. 오랑캐와 싸우지 않는다면 이는 곧 나라를 팔아먹는 짓이다."

이렇게 두 차례의 침략을 막아 낸 흥선대원군은 나라의 문을 굳게 걸어 잠갔어요.

언제 무슨 일이? **1866년 프랑스의 강화도 침략**
1871년 미국의 강화도 침략

흥선대원군이 조선을 다스릴 때, 조선에는 강한 개혁의 바람이 불고 있었어요. 일본과 중국은 서양과 교류하며 문물을 받아들였지만 흥선대원군은 조선이 외국과 교류하는 것을 반대했어요. 이를 '통상수교거부정책'이라고 해요.

역사 깊이 보기

서학과 동학

'서학'은 서양에서 들어온 학문을 말해요. 처음에는 서양에서 들어온 발달된 학문과 천주교를 모두 가리키는 말이었지만, 점차 천주교만을 가리키는 말로 바뀌었어요. 처음에 천주교는 새로운 학문으로 받아들여졌어요. 그러나 점차 종교로 받아들여지면서 조선 사회에 갈등을 낳았어요.

천주교는 인간은 모두 평등하다고 말하고 있어요. 뿌리 깊은 신분 사회였던 조선에서는 용납할 수 없는 일이었지요. 또한, 조선에서는 조상을 섬기는 일을 무척 중요하게 여기는 반면, 천주교는 제사를 지내지 않았어요. 여러 이유 때문에 나라에서는 천주교를 금지했어요.

하지만 천주교는 부패한 조선에서 백성들이 가진 희망이었어요. 그 때문에 천주교는 나라의 금지에도 불구하고 계속 퍼져 나갔어요. 그러자 나라의 대대적인 탄압이 시작되었어요. 우리나라 최초의 신부였던 김대건과 서학을 믿는 자들이 끌려가 죽임을 당했고, 서학 책은 불태워졌습니다.

한편, 서학에 맞선 새로운 종교인 '동학'도 백성들 사이에서 널리 퍼져 나갔습니다. 나라 곳곳에서 봉기가 일어나던 때에 새로 등장한 동학은 백성들로부터 큰 환영을 받았어요.

동학은 최제우가 만든 종교예요. 혼란스러운 나라를 탄식하며 떠돌다가 깨달음을 얻어 교리를 완성했다고 전해져요. 동학은 '인간이 곧 하늘'이라고 말하는 '인내천' 사상을 바탕으로, 모든 사람은 소중하고 평등하다고 주장하고 있어요.

나라에서는 동학을 금지시켰지만 나라 전체에 퍼져 나가며 백성들에게 깨달음을 주었어요. 동학은 '천도교'라는 이름으로 지금까지도 이어져 오고 있어요.

조선

사흘 만에 끝난 꿈 갑신정변

청년들이 모여 심상치 않은 눈빛을 나누었어요. 그들은 모두 상투를 자르고 양복을 입고 있었어요.

> 명성황후로 알려진 왕비 민씨는 고종의 부인이며 흥선대원군의 며느리야. 자기 세력을 키우려고 가족들에게 중요한 관직을 주고, 청나라에 도움을 청하지.

"왕비가 청나라 세력을 등에 없고 권력을 키우니 청나라의 간섭이 날로 심해지고 있네."

"세상은 엄청난 속도로 발전하고 있는데, 조선은 여전히 청나라만이 최고라고 생각하고 있어. 청나라보다 더 발전한 나라들을 본받아야 조선도 강해질 수 있단 말일세."

입을 모아 한탄하고 있을 때, 한 청년이 벌떡 일어났어요.

"일본이 서양에 문물을 개방하고 엄청난 발전을 이루지 않았나! 우리도 일본의 도움을 받아 나라의 문을 활짝 열고 변화한 세상을 받아들여야 하네. 앉아서 때를 기다릴 게 아니라, 우리 손으로 직접 나라의 발전을 앞당기세!"

청년들은 굳은 의지가 담긴 눈빛을 말없이 주고받았습니다.

며칠 후, 종로 한복판이 떠들썩했어요. 우정국이 처음 문을 여는 날이라 이를 축하하기 위한 잔치가 열렸거든요. 여러 나라의 외교관들과 조선의 높은 관리들이 한자리에 모여 즐겁게 인사를 나누며 술잔을 높이 들었어요.

이때 화기애애한 잔치에 찬물을 확 끼얹는 소리가 들려왔어요.

"불이야!"

사람들은 깜짝 놀라 허둥지둥 밖으로 나왔어요. 그러나 밖에서는 양복을 입은 청년들이 시퍼런 칼을 들고 서 있었어요. 잔치는 피로 물들었어요.

조선은 청나라의 도움을 얻어 천천히 나라를 개방하자는 '사대당'과, 일본의 도움을 얻어 하루 빨리 개혁하자는 '개화당'으로 나뉘어 있었어. 젊은 청년들로 이루어진 개화당도 왕비가 중심인 사대당을 없애야 조선이 발전한다고 믿었지.

"조선을 제멋대로 주무르던 왕비의 친척들을 제거했으니 왕비도 힘을 잃겠지. 이제 우리 손으로 조선에 새로운 정부를 세우세."

다음 날, 청년들은 고종에게 새 정부를 세울 것이라며 나라를 탈바꿈

할 계획들을 내밀었어요. 이제 조선은 하루아침에 다른 나라가 되어 눈부시게 발전할 것만 같았어요.

"이, 이런! 왕비가 청나라 군대를 불러들였네!"

"걱정 말게. 이럴 줄 알고 일본군에 미리 도움을 청해 놓았지 않나. 일본군이 우리를 도와 청나라와 싸울 걸세"

"아니야. 일본군이 약속을 어기고 군대를 철수해 버렸어!"

나라가 바뀌었다고 믿었던 청년들은 몹시 당황했어요. 믿고 있던 일본군이 꽁무니를 뺏기에 이들은 미국으로, 일본으로 도망칠 수밖에 없었어요.

개화당에는 김옥균, 박영효, 서재필, 서광범 등이 있었어. 양반집 아들들로 외국의 문물을 경험하며 조선의 발전이 시급하다고 생각했지.

나라의 발전을 향한 뜨거운 열망을 품고 변화의 칼을 들었던 이들을 개화당이라고 해요. 그러나 계획이 물거품으로 돌아가면서 조선은 다시 폭풍우를 앞에 둔 배처럼 위태로워졌습니다.

언제 무슨 일이? 1884년 개화당이 새 정부를 세우려 정변을 일으켰으나 실패함 (갑신정변)

흥선대원군이 물러나면서 조선은 왕비 민씨가 권력을 잡게 돼요. 왕비 민씨는 청나라의 도움을 받아 나라를 개방하자고 주장했지만, 개화파들은 일본처럼 서양을 보고 배우자며 왕비 민씨 세력을 몰아내려 했어요. 그러나 개화파들이 일으킨 정변은 사흘 만에 실패하고 말았습니다.

강화도 조약

흥선대원군에 의해 나라의 문을 굳게 닫았던 조선은 세계가 어떻게 긴박하게 돌아가는지 전혀 알지 못했어요. 가까운 나라였던 일본의 정세조차 제대로 알지 못했지요.

당시 일본은 미국뿐 아니라 영국, 네덜란드, 러시아 등과 통상 조약(나라끼리 물건을 사고팔기로 한 약속)을 맺은 후 빠르게 발전하고 있었어요.

1875년 어느 날, 일본은 갑자기 강화도에 나타나 무작정 대포를 쏘았어요. 그래 놓고는 조선에게 오히려 자기들이 피해를 입었다며 따지고 들었어요. 일부러 침략한 후 꼬투리를 잡으려고 한 거예요.

이 일을 빌미로 일본은 조선에 통상 조약을 맺자고 요구했어요. 조선이 거절한다면 전쟁을 일으킬 거라고 협박까지 했지요.

조선은 이 억지스러운 요구를 받아들일 수밖에 없었어요. 게다가 일본은 자기들에게만 유리한 조약 내용을 미리 준비해 왔어요. 1876년, 조선은 아무 준비도, 대책도 세우지 못한 채 강화도에서 불평등한 조약서에 도장을 찍었어요. 이를 '강화도 조약'이라고 해요.

이 조약이 불평등한 가장 큰 이유는 일본이 조선에 팔거나, 조선으로부터 사 가는 물건에 세금을 매기지 않기로 했기 때문이에요. 일본은 공장에서 대량으로 만들어 낸 물건을 조선에 팔았고, 조선의 곡식들을 싼값에 사 갔어요. 그렇게 됨으로써 조선의 곡식 값이 폭등해 살기가 어려워졌어요.

일본은 불평등한 강화도 조약을 시작으로 조선 침략의 발판을 착실히 만들어 갔어요.

녹두 장군 전봉준

전라도 고부의 군수인 조병갑은 아주 욕심이 많은 사람이었어요. 멀쩡한 저수지를 놔두고 고을 사람들을 시켜 새로 만든 후 사람들이 저수지 물을 쓸 때 돈을 받았어요. 자기 부모님이 돌아가셨을 때에는 주민들에게 돈을 걷어 장례를 치르고 비석을 세웠어요. 당연히 백성들의 원성이 높았어요.

"사또, 흉년이 계속되어 쌀밥 먹은 지가 언제인지 모르겠습니다. 게다가 세금까지 과하게 내라 하시니 먹고 살기가 무척 힘듭니다. 부디 백성들에게 넓은 아량을 베풀어 주십시오."

백성들이 조병갑에게 빌었지만 조병갑은 눈도 꿈쩍하지 않았어요. 오히려 그런 사람들을 가두거나 혹독하게 매질을 했어요. 그중에는 매질을 견디지 못하고 죽은 사람도 있었어요.

"이보게. 자네 아버지가 관아에서 매질을 당해 돌아가셨다네."

전봉준은 조병갑의 횡포로 아버지가 돌아가셨다는 소식을 듣고 피가 끓었어요.

"동학에서는 사람이 곧 하늘이라 모두 귀하다고 한다. 그러나 이 땅의 벼슬아치들은 어찌 귀한 사람, 천한 사람을 나누고 횡포를 부리단 말인가. 이제는 바로잡아야 한다!"

전봉준은 동학을 깊이 공부하고 믿던 자로, 고부 지역에 있던 동학 집단의 지도자였어요. 전봉준은 동학 신도들을 모아 나라를 뒤엎을 계획을 세웠어요.

1894년, 천여 명의 농민들이 전봉준을 앞세워 관아로 쳐들어갔어요. 조병갑을 쫓아내고 창고에 산처럼 쌓여 있는 곡식을 백성들에게 나누어 주었어요.

조정에서는 고부에서 농민들이 난리를 일으켰다는 소식을 듣고 부랴부랴 이를 해결할 관리를 내려 보냈어요. 그런데 이 관리는 농민들의 편이 아니었어요.

"동학 따위나 믿으면서 쑥덕거리더니 눈에 보이는 것이 없구나. 여봐라! 이자들이 나라의 명을 어기고 동학을 믿는 자들이다. 싹 잡아들여라!"

농민들은 피가 거꾸로 솟았어요. 관리도, 나라도 자기들 편이 아니라

는 걸 깨달았지요.

"나라를 바로잡아야 백성이 편안히 살 수 있습니다. 백성의 힘을 모읍시다!"

전봉준은 앞장서서 여러 지역의 동학 지도자들에게 알렸어요. 이미 관리들의 오랜 횡포에 지친 백성들은 너도나도 함께하겠다는 뜻을 밝혔어요. 동학을 믿는 자들뿐 아니라 나라를 뒤바꾸어 살 만한 세상을 만들겠다는 자들이 모두 모였어요.

이렇게 수천 명의 농민군이 힘을 모아 많은 지역을 차지해 갔어요. 조정에서는 군대를 보내 막아 보려 했지만 농민들의 분노와 의지를 꺾을 수는 없었어요. 결국 얼마 못 가 전라도는 농민군의 차지가 되었어요.

조정에서는 두려움에 떨기 시작했어요.

"총을 든 군대가 대나무창을 든 농민을 못 이긴단 말이오? 이러다 한양으로 올라오는 건 시간 문제겠군. 안 되겠소. 청나라에 도움을 청해 경복궁을 지켜달라고 하시오."

1894년, 조선을 탐내던 청나라와 일본이 조선 땅에서 전쟁을 벌였어. 일본은 전쟁에서 승리하면서 조선을 손아귀에 넣었지.

고종과 왕비 민씨는 청나라에 군사를 보내달라고 요청했습니다. 그런데 뜻밖의 일이 벌어졌어요. 청나라에서 조선에 군대를 보내자 일본도 조선에 군대를 보낸 거예요. 어느새 조선에서 청나라와 일본이 팽팽한 기 싸움을 벌이게 되었어요.

"남의 나라에게 자기 백성들을 처리해 달라고 부탁한 거 아닙니까? 이런 왕은 필요 없소. 당장 한양으로 쳐들어갑시다!"

"그러기에는 청나라와 일본이 심상찮소. 지금은 조정과 화해하고 청나라와 일본을 내보내는 게 좋겠소."

전봉준이 조정과 화해를 했으나 조선에 들어온 일본군은 돌아가지 않고, 경복궁을 손아귀에 넣은 뒤 조선을 마구 짓밟았어요.

나라를 뒤바꾸고자 했던 백성들은 이제 일본으로부터 나라를 지켜야 한다고 한목소리를 냈어요. 더 많은 지역에서 더 많은 농민들이 모여들었지요.

"지금 일본을 몰아내지 못하면 영영 조선은 그들의 손아귀에 들어갈 것입니다! 나라를 바로잡으려고 했던 여러분, 이제 나라를 구하러 돌진합시다!"

전봉준은 키가 작아 녹두 장군이라고 불렸대.

20만 농민군의 상대는 일본군이었어요. 그러나 공주 우금치에서 맞닥뜨린 일본군은 너무 강했어요. 농민들은 죽음을 무릅쓰고 용맹하게 싸웠지만 결국 처참하게 지고 말았어요.

동학농민운동을 이끌었던 전봉준도 붙잡혀 처형되었습니다.

언제 무슨 일이? 1894년 동학농민운동이 일어남

동학의 지도자였던 전봉준은 동학 신도들과 함께 조병갑의 횡포에 맞섰어요. 더 나아가 부패한 나라를 바꾸겠다고 들고 일어났지요. 또한 조선을 침략하려는 일본에 맞서 항일운동까지 벌였어요. 동학농민운동은 부패한 관리와 외국 세력에 맞서 농민들이 힘을 모은 첫 민족 운동으로 평가받아요.

고종 황제와 명성황후

어린 고종을 대신해 나라를 다스리던 흥선대원군은 고종이 성인이 되자 물러났어요. 고종은 아버지가 펼쳤던 통상수교거부정책과는 다르게 나라의 문을 열고 외국의 문물을 받아들였어요.

"제 일가친척들을 모아 전하를 힘껏 돕도록 하겠습니다."

고종의 왕비인 왕비 민씨는 죽은 이후에 대한 제국으로 나라 이름이 바뀌면서 명성황후로 추대되었어.

명성황후는 고종의 정책에 찬성했어요. 그래서 자기 친척들에게 중요한 관직을 주어 자기편으로 만들었어요. 조선의 조정은 어느새 고종보다 명성황후의 권력이 더 막강해졌어요.

백성들은 나라를 생각하지 않고 자기 이익만 챙기려는 명성황후를 비판했어. 개화파도, 동학농민운동을 일으킨 농민들도 모두 황후를 끌어내리자고 했지.

그러나 그의 친척들은 나라를 잘 다스리지 못했어요. 그저 자신들의 욕심을 채우고자 횡포를 일삼았고, 백성들을 살피지 않았어요. 흥선대원군은 이런 명성황후와 그의 세력들을 무척 못마땅해했어요.

명성황후는 세력을 유지하고자 청나라의 힘을 빌렸어요. 나아가 러시아와도 친하게 지냈지요. 그리고 이들의 도움을 받아 경복궁을 차지한 일본을 조선에서 몰아내려 했어요.

일본은 이런 명성황후가 눈엣가시 같았어요.

1895년 음력 8월 20일 새벽, 요란한 총소리가 경복궁을 감싼 고요한 공기를 찢었어요. 놀라서 밖으로 달려나온 신하들과 궁녀, 내시들이 쏟아지는 총탄에 맞아 쓰러졌어요. 조선의 궁궐에 침입해 총질을 해댄 건 일본 낭인들이었어요.

"왕비를 찾아라!"

일본 낭인들은 소리를 지르며 달아나는 궁녀들을 짓밟고 명성황후가 지내는 방으로 뛰어 들어갔어요. 그러고는 긴 칼로 명성황후를 무참하게 살해하고, 옆에 있던 궁녀들까지 모두 죽였어요. 명성황후의 시

궁에 쳐들어가 한 나라의 왕비를 죽인 일은 보통 큰일이 아니야. 일본은 자기네들은 모르는 일이라고 발뺌했지만, 후에 그들의 계획이었다는 사실이 밝혀졌지.

체는 마당에 내던져져 불에 태워졌어요.

고종은 명성황후의 죽음을 알고 큰 슬픔에 잠겼어요. 그리고 곧 두려움이 몰려왔어요. 궁궐에 쳐들어와 한 나라의 왕비를 없앨 정도이니 자신이라고 안전할 리 없었어요.

"비보는 원통하오나 수라는 드셔야지요."

고종은 음식에 독이라도 들었을까 봐 음식을 제대로 먹을 수 없었고, 침입자가 두려워 뜬 눈으로 밤을 지새곤 했어요.

"안 되겠다. 러시아 공사관으로 몸을 피해야겠다."

한밤중, 고종과 몇몇 신하들이 몰래 궁을 빠져나왔어요. 일본의 감시를 피하기 위해서였어요. 고종은 러시아 외교관들이 업무를 보던 러시아 공사관으로 들어갔어요.

조선은 이렇게 주변 나라들이 일으킨 엄청난 소용돌이 속에서 헤어나지 못했어요. 황제마저 자기 목숨을 걱정해야 하는 처지에 놓였으니 조선의 미래는 소용돌이를 만난 조각배마냥 무섭게 휘청거렸습니다.

언제 무슨 일이? 1895년 명성황후 시해 (을미사변)
1896년 고종의 러시아 공사관 대피 (아관파천)

강대국들이 조선을 호시탐탐 노렸어요. 청나라와 일본, 프랑스, 미국, 러시아 등이 조선을 놓고 팽팽하게 대립했지요. 고종과 명성황후가 청나라와 러시아와 가깝게 지내는 것이 조선 침략에 방해가 된다고 여긴 일본은 명성황후를 처참하게 살해했어요.

역사 깊이 보기

갑오개혁과 단발령

일본은 발전을 핑계로 조선을 자신들의 입맛에 맞게 바꾸려고 했어요.

하지만 조선은 일본의 간섭에서 벗어나고 싶었어요. 그래서 스스로의 힘으로 개혁하고자 했어요. 이를 갑오개혁이라고 해요. 신분제 폐지, 과거 제도 폐지, 실력에 따른 인재 등용 등 조선의 뿌리 깊은 문제점들을 바꾸려는 시도였지요.

그럼에도 일본의 간섭에서 자유로울 수 없었어요. 조정의 몇몇 관리들은 일본의 편을 들었고, 일본은 조선의 전통을 없애기 위한 독자적인 개혁안을 마련했어요. 이때부터 양력이 사용되었고, 상투를 자르는 단발령이 시행되었어요.

고종은 상투를 자르는 일에 반대했어요. 부모가 물려주신 신체를 자르는 일은 인간의 도리가 아니라고 여겼기 때문이에요. 그러나 일본의 압력을 막을 수는 없었어요.

"차라리 목을 자를지언정 상투를 자를 수는 없다!"

많은 사람이 단발령을 거부했어요. 강제로 잘린 상투를 들고 통곡하는 남자들이 많았어요. 온 나라에서 단발령에 반대하며 일본에 아부하는 조정을 몰아내자는 의병이 일기도 했어요.

한편, 러시아 공사관으로 피신했던 고종이 1년만에 궁으로 돌아왔어요. 고종은 일본의 영향력으로부터 벗어나고 싶었어요. 그리하여 스스로를 황제로 칭하고, 나라 이름을 '대한제국'으로 고쳐 강한 나라로 거듭나고자 했어요.

5

일제

강점기

전차가 놓이고 은행, 병원, 공장 등도 우후죽순처럼 생겨나며 한양은 하루가 다르게 변해 갔어. 고종은 대한제국을 세우고, 어느 나라의 간섭도 받지 않는 나라로 만들려 했어. 그러려면 무엇보다 나라가 부강해져야 한다고 생각했지. 그래서 신식 문물을 받아들이는 데 앞장섰어. 그러나 고종의 바람은 일본의 칼날 앞에서 무너지고 말았단다.

나라를 잃다

1905년 11월 17일, 일본 군대가 일사분란하게 움직이며 경운궁을 에워쌌어요. 곧이어 무시무시한 대포의 입이 일제히 궁을 향했어요. 당장이라도 엄청난 소리를 터트리며 궁을 박살낼 것 같았어요.

백성들은 불길한 느낌을 떨칠 수 없어 걱정스러운 눈빛으로 경운궁을 바라보았어요.

궁 안에는 총칼을 찬 이토 히로부미가 대한제국의 대신들에게 말했어요.

"우리 대일본제국이 대한제국을 관리하고 보호할 권리를 갖고 있다는 건 잘 알 테지요. 앞으로는 대한제국 안팎에서 벌어지는 일은 일본이 알아서 할 테니 이 조약서에 서명하시오."

그것은 대한제국의 외교권을 일본에게 넘긴다는 내용의 조약서였어요. 고종 황제는 조약서에 서명할 수 없다며 강하게 거부했어요. 화가 난 이토 히로부미가 대한제국의 대신들을 모아 놓고 황제 대신 조약서에 서명하라고 했

1905년, 일본은 러일전쟁에서 승리하면서 영국과 미국의 동의 아래 대한제국을 보호할 나라로 인정을 받게 돼. 일본은 힘없는 나라를 보호한다는 명분 아래 대한제국을 식민지로 만들려고 했어.

어요.

눈치를 살피던 이완용이 대신들을 향해 말했어요.

"지금 일본은 러시아도 두려워하는 강한 나라입니다. 일본이 우리를 보호해 준다는데 망설일 게 뭐가 있겠습니까?"

"이 조약서 내용을 보고도 그런 말씀을 하시는 거요? 당신은 대한제국의 백성이오, 일본의 백성이오?"

한 대신이 이완용의 말에 버럭 화를 냈어요. 그러자 이토 히로부미가 총을 든 일본 군인들을 가리키며 말했어요.

"저는 방법을 가리지 않고 이 조약을 체결시킬 겁니다."

협박이었어요. 머뭇거리던 대신들 중 다섯 명이 이 조약서에 서명했어요.

황제의 동의도 받지 않은 조약서였지만 일본은 아랑곳하지 않고 조선의 외교권을 빼앗은 후 멋대로 나라를 주물렀어요. 고종을 내

이완용, 이지용, 박제순, 이근택, 권중현이 조약서에 서명한 다섯 명이야. 을사년에 나라를 팔아먹은 도적이라 해서 '을사오적'이라고 해.

쫓고, 대한제국의 군대를 해체시켰으며, 신문이나 잡지에 일본의 이익에 반하는 내용을 싣지 못하게 했어요. 사람들이 일제에 반대하는 집회를 하거나 저항하면 잔인하게 목숨을 빼앗았어요.

1905년 고종의 재가 없이 맺어진 이 조약이 '을사조약'이야. 억지로 맺어진 조약이라 '을사늑약'이라고도 해.

그로부터 5년 뒤, 일본은 다시 조약서 한 장을 이완용에게 건넸어요. 이완용은 그 조약서를 고종 황제의 뒤를 이은 순종 황제에게 내밀었어요.

"대한제국의 통치권 전부를 일본에게 넘긴다는 조약서입니다. 황제 폐하, 서명하시죠."

순종은 자리를 박차고 일어났어요. 이완용은 순종의 눈치를 힐끔 보고는 조약서에 대신 서명을 했어요.

1910년 8월 22일, 경복궁 근정전에 태극기가 내려가고 일장기가 걸렸어요. 대한제국이 일본의 식민지가 된 것입니다.

언제 무슨 일이? 1905년 을사늑약 체결
1910년 한일병탄조약 체결

이 당시에 세계의 강대국들은 힘없는 나라를 차지하려고 눈에 불을 켰어요. 일본은 우리의 의지와는 상관없이 대한제국의 국권을 빼앗아 갔어요. 오백 년을 넘게 이어온 조선 왕조의 기나긴 역사가 끝이 났고, 대한제국은 긴 암흑기에 들어갔어요.

역사 깊이 보기

일본의 만행을 알려라

을사늑약이 체결되었다는 소식에 고종 황제는 울분을 토했어요. 세계에 일본의 만행을 알렸으나 반응은 차가웠어요. 이미 일본은 여러 강대국으로부터 대한제국을 보호할 권리가 있음을 동의받은 상태였거든요.

좌절하던 고종은 마침 네덜란드 헤이그에서 '만국평화회의'라는 국제 회의가 열린다는 소식을 들었어요.

"전 세계의 정상들이 모이는 자리다. 그곳에 가서 을사늑약이 불법이었음을 알리도록 하라."

고종은 일본의 눈을 피해 이준, 이상설, 이위종을 불러 명령을 내렸어요. 이들은 비밀리에 헤이그에 도착했어요.

"대한제국 황제의 위임장을 받아 왔으니 평화회의에 참석하게 해 주십시오."

"대한제국은 일본의 보호를 받는 나라이니 일본 황제의 허락을 받고 오시오."

이들은 회의장 안에 들어갈 수조차 없었어요. 이미 도착해 있던 일본 참가자들이 훼방을 놓았기 때문이에요. 크게 좌절했지만 이대로 조국으로 돌아갈 수는 없었어요. 호소문을 작성해 뿌리기도 하고, 기자들 앞에서 일본의 대한제국 침략을 알리는 연설을 하기도 했어요. 사방팔방 뛰어다녔지만 연이은 일본의 방해로 큰 성과를 내지 못했어요.

"나라를 구하지 못했으니 어찌 조국으로 돌아가 황제를 뵙겠는가!"

이준은 애통한 마음에 병까지 얻어 그곳에서 목숨을 잃었어요.

한편, 일본은 이 일을 빌미로 고종을 황제의 자리에서 내쫓았어요.

손가락을 잘라 독립을 맹세하다

"나는 이 손가락을 잘라 나라를 구할 것을 맹세한다."

안중군의 손에서 검붉은 피가 뚝뚝 떨어졌어요. 안중근은 태극기 위에 자신의 피로 '대한독립'이라고 썼어요. 하얀 태극기 위에 검붉은 피가 스며들었어요. 독립에 대한 열망도 그의 마음 깊숙이 스며들었습니다.

안중근은 자기와 뜻을 함께하는 사람들과 비밀 조직을 만들고 네 번째 손가락을 잘랐어요. 목숨을 걸고 나라의 독립을 위해 싸우겠다는 맹세였지요.

"동지, 이토 히로부미가 기차를 타고 하얼빈으로 간다고 하오."

"이토 히로부미, 그자를 내 손으로 반드시 없애겠소."

며칠 뒤, 하얼빈 역에 기차 한 대가 요란한 소리를 내며 들어왔어요. 기다렸다는 듯이 군대가 열차를 에워쌌어요. 철통과 같은 경호를 받으며 이토 히로부미가 모습을 드러냈어요. 안중근이 품속에서 권총을 꺼내 들었어요.

"우리 민족의 원수!"

"탕! 탕! 탕!"

세 발의 총성이 울렸습니다. 잠깐의 정적이 흐른 뒤에야 사람들은 무슨 일이 벌어졌는지 알아챘어요.

"이토 히로부미가 쓰러졌다! 암살이다!"

기차역은 순식간에 아수라장이 되었어요. 사람들이 소리를 지르며 허둥지둥하는 동안에도 안중근은 꿋꿋이 자리를 지켰어요. 그는 태극기를 꺼내 들고 외쳤습니다.

"대한 독립 만세! 대한 독립 만세!"

곧 러시아 경찰들이 몰려와 안중근을 체포했어요. 몸이 묶이는 동안 안중근은 경찰들에게 물었습니다.

"이토는 죽었는가?"

"죽었다."

"그래, 그는 죽어 마땅한 자다."

안중근은 일본 경찰에 넘겨졌어요. 많은 나라에서 그의 재판

에 관심을 가졌지만 일본은 이 일을 더 키우지 않고 빠른 시간 안에 처리할 생각이었어요. 그는 모두 여섯 번의 재판을 받았는데 판사도, 검사도, 변호사도, 방청인도 모두 일본인이었어요. 그는 일방적인 분위기에서 죄인으로 몰릴 수밖에 없었어요.

> 안중근을 '도마 안중근'이라고 부르는 이유는 천주교 신자였던 그의 세례명이 '토마스'였기 때문이야. 토마스를 한자로 바꾸어 '도마'라고 부른 거지.

"나는 조선의 의병으로서 적군을 죽인 것뿐이다."

끝까지 당당하게 외쳤지만 안중근은 결국 사형 선고를 받았어요. 그는 서른두 살의 젊은 나이에 생을 마쳤습니다.

언제 무슨 일이? 1909년 안중근이 이토 히로부미 저격

도마 안중근은 하얼빈 역에서 이토 히로부미를 사살하며 조선의 강한 독립 의지를 전 세계에 알렸어요. 하지만 일본은 한일병탄조약을 체결하고, 조선의 완전한 통치를 위해서 '조선총독부'를 설치했어요.

이야기 하나 더

조국의 독립을 위해서라면-윤봉길

"나라가 독립할 수 있다면 기꺼이 목숨을 내놓겠습니다."

김구는 중국 상하이에서 비밀 단체인 '한인애국단'을 조직했어요. 많은 청년이 김구를 찾아와 나라를 위해 목숨을 바치겠다고 했어요. 그중에는 청년 윤봉길도 있었어요. 어느 날 김구가 윤봉길을 불렀어요.

"윤군, 거사를 치를 때가 되었네."

1932년 4월 29일, 일본 왕의 생일을 축하하기 위한 잔치가 중국 상하이에서 열리자 일본의 고위 관료들이 한자리에 모였어요. 무대 위에서는 일장기가 펄럭였고, 잘 차려입은 일본인들이 서로 악수를 주고받았어요. 초대 손님들과 기자들로 북적이는 연회장에 스물다섯 살의 조선 청년 윤봉길이 있었어요.

윤봉길은 침착하게 때를 기다렸어요. 식이 시작되고 일본 국가가 울려 퍼졌어요. 일본 관리와 높은 직급의 군인들이 자리에서 일어나 국가를 부를 준비를 했어요.

'지금이다! 기회는 한 번뿐이야!'

윤봉길은 천천히 무대를 향해 걸어갔어요. 무대에 거의 다다랐을 때 그는 손에 들고 있던 물통을 힘껏 던졌어요. 김구가 준비해 준 물통 모양의 폭탄이었어요. 곧 엄청난 폭발음과 함께 무대가 불타올랐어요. 손에 들고 있던 도시락 폭탄은 스스로 목숨을 끊기 위한 것이었지만 윤봉길은 사용하지 않았어요. 대신 그 자리에서 이렇게 외쳤습니다.

"대한 독립 만세!"

윤봉길은 그 자리에서 체포되어 사형을 선고받았습니다.

대한 독립 만세!

1919년 3월 1일 아침. 한양은 평소보다 많은 사람들로 북적였어요. 며칠 뒤 고종 황제의 장례식이 있을 예정이라 온 나라 사람들이 한양으로 모여들었기 때문이에요. 겉으로는 여느 날과 다름없는 아침이었지만, 이들 마음속에는 저마다 뜨거운 무언가가 웅크리고 있었어요.

이때 사람들은 손에서 손으로 전단지를 나누었어요. 누가 시작했는지, 누구한테 건네받은 것인지도 모른 채 저마다 가던 길을 멈추고 전단지를 읽었어요. 전단지의 제목은 '독립 선언서'였어요. '독립'이라는 두 글자에 사람들의 심장이 두근두근 뛰었어요.

한편, 두루마기를 정갈하게 차려입은 민족 대표 33인이 태화관에 모였어요. 결연한 표정으로 눈빛을 주고받았지요. 그중 한 사람이 입을 열었어요.

"우리 민족 대표 33인은 오늘 이 자리에 모여 조선이 독립한 나라임과 조선 사람이 자주적인 민족임을 선언한다."

민족 대표 33인은 천도교(동학), 기독교, 불교의 대표자들로 이루어졌어.

그리고서 자진해서 잡혀갔어요. 그러나 파고다 공원에는 수많은 사람과 학생들이 모여 있었어요. 한 까까머리 학생이 단상 위로 올라갔어요. 사람들은 긴장한 눈빛으로 학생의 입에서 나올 말을 기다렸어요. 학생은 온 나라에 뿌려진 〈독립 선언서〉를 손에 들고 쩌렁쩌렁한 목소리로 읽어 내려갔어요.

낭독이 끝나고 박수 소리가 터져 나왔어요. 박수 소리가 커지면서 가슴속에 품었던 뜨거운 열망도 점점 커졌어요.

서울 이화학당에 다니던 열여섯 살 소녀 유관순은 고향인 천안에 내려가 만세 운동을 주도하다가 붙잡혔어. 그녀는 서대문 형무소에서 모진 고문을 받다가 세상을 떠났어.

"대한 독립 만세! 대한 독립 만세!"

저마다 가슴에 품고 있던 태극기를 꺼내 들었어요. 그러고 나서는 목이 터져라 만세를 불렀어요. 만세 소리는 점점 퍼져 나갔어요. 꼬마도, 노인도, 부녀자도, 학생도, 손을 번쩍 들어 만세를 외쳤어요. 만세 소리는 한양을 뒤흔들 정도로 거대하고 간절했어요.

한번 시작된 외침은 쉽게 멈추지 않았어요. 전국 곳곳에서 태극기를 흔들며 간절하게 독립을 외쳤어요. 만주, 하얼빈, 일본, 미국 등지에서도 만세를 외치며 조국의 독립을 부르짖었어요.

일본은 가만히 있지 않았어요. 총칼을 앞세워 만세를 부르는 자들을 닥치는 대로 잡아다 감옥에 넣었어요. 만세 운동을 이끈 자들은 모진 고문을 당하다 세상을 떠났어요.

일본은 만세 운동을 끝내려고 온갖 잔인한 방법도 서슴지 않았습니다. 경기도 제암리에서는 만세 운동을 벌였다는 이유로 마을 사람 20여 명을 교회에 가두고 불을 질러 죽게 만들었어요.

그럼에도 3 · 1 만세 운동은 쉽게 끝나지 않았어요. 신분과 국경을 뛰어넘어 온 백성이 조선의 독립을 외쳤고, 그 여파로 독립 운동의 열기는 더욱 뜨겁게 달아올랐습니다.

언제 무슨 일이? 1919년 3월 1일 만세운동 일어남

일본에 국권을 빼앗기면서부터 우리 민족은 광복이 최고의 목표가 되었어요. 게다가 고종이 의문의 죽음을 맞이하면서 일본에 대한 반감은 더욱 높아졌어요. 1919년 3월 1일에 일어난 대규모 만세운동은 민족의 독립운동에 불을 지폈어요.

역사 깊이 보기

그 날이 오면

그 날이 오면, 그 날이 오면은
삼각산이 일어나 더덩실 춤이라도 추고
한강 물이 뒤집혀 용솟음칠 그날이
이 목숨이 끊기기 전에 와 주기만 할 양이면
나는 밤하늘에 날으는 까마귀와 같이
종로의 인경을 머리로 들이받아 울리오리다.
두개골은 깨어져 산산조각이 나도
기뻐서 죽사오매 오히려 무슨 한이 남으오리까.

〈상록수〉로 유명한 작가 심훈의 〈그 날이 오면〉의 일부예요. '그 날'은 바로 조선이 독립하는 날이에요. 나라의 독립을 목놓아 외치는 시인의 목소리가 들리는 것 같아요.

백성들은 다양한 방법으로 일본에 저항하는 목소리를 냈어요. 작가들은 문학 작품으로 표현했고, 서재필은 '독립협회(1896)'를 결성하고, 〈독립신문〉을 발간해 백성들에게 나라의 현실을 알렸어요.

일본에 진 빚을 갚아야 독립할 수 있다는 생각에 '국채보상운동(1907)'을 벌이기도 했어요. 전국에서 너도나도 모금에 참여하면서 꽤 큰 금액이 모였지만 일본의 방해로 흐지부지되고 말았어요.

일본에 직접 맞서 싸우겠다며 의병이 크게 일어났으며, 백성들이 똑똑해져야 나라가 강해진다고 믿어 학교가 많이 생겨났어요.

우리글, 한글

"주보따리 선생님, 선생님께 딱 맞는 별명이 또 생각났어요."

아이들이 주시경을 붙잡고 눈을 반짝반짝 빛냈어요. 주시경은 학교에서 우리말을 가르치는 선생님이었어요. 손에는 늘 책이 가득 든 보따리가 들려 있어서 '주보따리'라고 불렸지요.

"'주보따리' 말고 다른 별명이 생각났다고?"

"선생님 성함인 '주시경(두루 주周, 때 시時, 글 경經)'을 우리말로 풀어보니 '두루때글'이지 뭐예요. 두루때글 선생님. 크크!"

"한자 이름보다 듣기 좋은 이름이구나. 앞으로 나를 '두루때글'이라고 불러도 좋다. 하하."

주시경은 어릴 적 배재학당에 다녔어요. 그곳에서 서재필의 눈에 띄어 그와 함께 〈독립

신문〉을 만들었어요. 신문을 만들면서 그는 평생을 바칠 일을 찾았어요.

"우리나라에서는 아직 한자를 많이 사용하고 있구나. 쉽게 배울 수 있는 우리글을 두고 왜 어려운 한자를 익혀야 하는 걸까? 우리글을 쓰면 백성들도 쉽게 읽고 쓸 수 있을 텐데……."

이 당시 한글은 여자들이나 쓰는 글이라며 무시당했지요. 게다가 문법, 맞춤법, 띄어쓰기 같은 규칙이 없어 혼란스러웠어요.

주시경은 우리글을 연구하기 시작했어요. 우리글에 '한글'이라는 이름도 지어 주었어요. '한글'은 한민족의 크고 바른 글이라는 뜻이에요.

'배재학당'은 우리나라 최초의 근대식 중등 교육기관이야. 이곳에서는 옛날부터 배워온 학문과 외국에서 들어온 새로운 학문을 모두 익힐 수 있었어.

주시경이 한글 연구에 매달리는 동안 일본의 감시와 횡포는 더욱 심해졌어요. 그러나 주시경은 굴하지 않았어요.

"말과 글은 나라의 근본이야. 나라의 근본을 잃어서는 안 되지. 내가 나라를 구할 방법은 우리글 한글을 지키는 거야. 하루빨리 한글을 완전하게 만들어서 우리나라 국민이라면 누구나 읽고 쓰도록 해야겠어."

주시경은 〈국어문전음학〉, 〈국어문법〉, 〈말의 소리〉 같은 책을 펴냈어요. 여러 학교와 야학에서 한글을 가르치기도 했어요. 주시경에게 한글을 배우려고 몰려든 학생들로 교실은 언제나 북적북적했어요.

일본이 주시경을 곱게 볼 리 없었어요. 온갖 트집을 잡아 협박하고 괴롭혔어요. 그럼에도 주시경은 비밀리에 '조선광문회'라는 단체를 만들어 〈우리말 큰사전〉을 만드는 일을 시작했어요.

사전을 만드는 일은 엄청난 공과 시간이 필요한 작업이에요. 주시경은 살아 생전 우리말 사전의 완성을 보고 싶어 했어요. 그러나 그만 병을 얻어 먼저 세상을 떠나고 말았지요. 하지만 주시경의 뜻을 이어받은 제자들에 의해 〈우리말 큰사전〉이 세상의 빛을 보게 되었어요.

언제 무슨 일이? 1933년 한글 맞춤법 통일안 완성

백성이 교육을 받아야 일본의 침략에 맞설 수 있다는 생각이 사회 전반에 퍼지기 시작했어요. 그리하여 우리말과 역사에 대한 관심이 높아졌지요. 한글과 민족을 사랑한 주시경은 평생을 한글 연구에 매달렸어요. 세종대왕이 한글을 만들고, 주시경이 발전시켜 오늘날 한글이 우뚝 설 수 있게 되었답니다.

역사 깊이 보기

역사를 잊은 민족에게 미래는 없다

"오늘 대한매일신보에 실린 '이순신 전'을 읽어 보았나? 이순신 장군이 왜놈들을 무찌르니 정말 통쾌하더군!"

〈대한매일신보〉는 백성들에게 나라의 상황을 알리고자 발행하던 신문이었어요. 일본의 침략을 비판하는 글이나 의병들의 활약상 등 민족의식을 높이는 글을 실었지요. 그중에서도 신채호가 연재한 글은 인기가 높았어요.

당시 일본은 우리나라를 지배하려고 우리 역사를 왜곡하고 헐뜯었어요. 조선은 스스로 발전한 적이 없고, 늘 강대국의 침략에 시달렸으며, 당파 싸움을 하다 망했다는 등 우리의 역사를 깎아내렸어요. 그럼으로써 우리의 전통과 민족의식을 없애고 침략을 합리화하려고 했던 거예요.

신채호는 일본의 이런 만행에 맞서고자 우리 역사를 연구했어요. 역사란 그 민족의 혼과 정신이며, 고통과 절망에 빠진 우리 민족을 구하려면 역사를 먼저 알아야 한다고 생각했거든요.

그는 이순신, 최영, 을지문덕 등 우리 민족의 영웅들이 활약하는 전기문을 써서 백성들이 자부심을 갖게 했어요. 또 고구려와 발해의 유적지를 소개함으로써 우리 민족이 중국에 맞서 영토를 넓히고 지켜 왔음을 알렸어요. 또한 일본이 왜곡한 우리 역사를 조목조목 반박하며 조선의 독립을 주장했지요.

신채호는 일본에 저항하는 뜻으로 세수를 할 때에도 허리를 숙이지 않았다고 해요. 어느 날은 우연히 일본 음식을 먹었다가 손가락을 집어 넣어 다 토해 내었다고 해요. 그는 독립운동과 국사 연구에 힘쓰다가 일본 경찰에 붙잡혀 감옥에서 죽음을 맞이하였어요.

일제강점기

식민지 백성의 고통

일본은 제2차 세계대전이 일어나자 독일과 이탈리아의 편에 서서 미국, 영국, 프랑스 등을 주축으로 하는 연합군과 싸웠어요. 일본은 전쟁에 필요한 온갖 물자를 조선으로부터 빼앗아 갔어요. 또한 36만 명이 넘는 조선 청년들을 전쟁터로 끌고 갔어요.

농민 이씨의 이야기

"내가 농사짓고 있는 이 땅은 내 땅이 아니야. 일본이 동양척식회사를 세워 조선 땅을 있는 대로 헐값에 사들이고는 일본인들에게 되팔아 자기네 배를 불렸지. 나는 배운 게 농사밖에 없으니 일본인에게 땅을 빌려서라도 농사를 지을 수밖에. 그런데 이제 이것도 못해 먹겠어. 그동안은 입에 풀칠이라도 했지만 앞으로는 땅에서 난 건 모두 일본에 바치라지 뭐야. 일본이 전쟁을 하고 있으니 일본 군인들 밥 먹여야 한대. 무기 만든다며 놋그릇과 수저까지 다 뺏어 가는 노릇이니 말 다했지. 싫다고 했다가는

순사들이 총칼부터 들이대니, 이러고 죽나 저러고 죽나 딱 죽을 일만 남았어."

소년 송 군의 이야기

"매일 눈물짓는 어머니 얼굴을 어찌 보아야 할지 모르겠습니다. 이제 나는 열여덟 살이 되었으니 전쟁터로 끌려가겠지요. 몇 해 전 전쟁터로 끌려간 사촌 형은 소식이 끊긴지 오래라 어머니의 근심이 더욱 깊습니다. 전쟁터는 과연 어떤 곳일까요? 다시 고향으로 돌아올 수는 있을까요? 나는 왜 일본을 위해 총을 들고 사람을 죽여야 하나요? 무엇보다 분이 치미는 것은 남자로 태어나 조국을 위해 싸우지는 못할망정 일본을 위해 목숨을 내놓아야 한다는 것입니다. 바로 그것이 치욕스러워 어머니 얼굴을 애써 피하고 있습니다."

위안부로 끌려간 소녀 이야기

"이곳은 중국, 전쟁이 한창입니다. 하늘을 찢고 땅을 뒤흔드는 포탄 소리가 들려와 동무들과 부둥켜안고 눈물을 흘립니다. 나는 일본의 공장에서 일하면 월급을 받을 수 있다는 이야기를 듣고 왔고, 동무는 학교에 다녀오는 길에 일본 순사에게 붙잡혀 끌려왔다고 했습니다. 어느새 포탄 소리가 잦아들었습니다. 그러나 포탄 소리보다 더 무서운 건 일본 군인들입니다. 하루에 열 명도 넘는 일본군이 나를 찾아옵니다. 그들은 내 몸을 더럽히며 즐거운 듯 웃습니다. 이 생활이 끝나는 날이 올까요? 고향에 돌아가서 나는 잘 돌아왔노라고 말할 수 있을까요?"

여덟살 옥희 이야기

"나는 이름이 두 개예요. 아버지가 지어 주신 원래 이름과 일본 이름이 있어요. 할아버지와 아버지는 계속 일본 이름을 거부해 왔지만 일본 헌병이 찾아와 무섭게 협박하는 바람에 결국 바꾸었어요. 일본 이름을 짓던 날 할아버지는 조상님 뵐 낯이 없다며 눈물을 흘리셨어요. 나라를 잃는다는 건 이름을 잃고, 우리말을 쓸 수 없고, 우리 역사를 배울 수 없어 슬픈 거래요. 나는 학교에서 매일 "우리는 대일본제국의 신민입니다."라고 외치지만 나는 알아요, 나는 조선 사람이라는 걸요."

언제 무슨 일이? 1944년 총동원법에 의해 일본의 강제 징용 전면 실시

일본은 침략 전쟁에 뛰어들며 조선을 더욱 악랄하게 수탈했어요. 조선에서 나는 온갖 식량과 자원을 빼앗아 갔으며, 조선인을 강제로 끌고 가 전쟁에 이용했어요. 그리고 조선을 자신들의 완벽한 식민지로 만들려고 '민족말살정책'을 펼쳤어요.

역사 깊이 보기

나라 밖에서 벌어진 독립운동

3·1 운동 이후 독립운동은 날개를 달았어요. 많은 독립 운동가들이 민족의 힘을 하나로 모을 곳이 필요하다고 생각했어요. 그래서 조선총독부의 감시를 피해 중국 상하이에 '대한민국 임시정부'를 세웠어요. 황제가 다스리는 '대한제국'이 아닌, 국민이 중심인 '대한민국'이라는 이름이 처음 태어난 것도 이때에요. 백범 김구, 도산 안창호 등이 활약한 임시정부는 일본의 무자비한 침략을 전 세계에 알리며 대한민국의 독립을 호소했어요.

두만강과 압록강 너머 척박한 북쪽 땅, 간도로 간 사람들은 그곳에서 조선인 마을을 이루고 살았어요. 그들은 독립에 대한 간절한 바람으로 '신흥무관학교'를 세우고 나라를 위해 싸울 독립군을 길러 냈어요.

독립군의 규모와 힘이 커지자 위기를 느낀 일본이 군대를 간도 지방으로 보냈어요. 독립군 대장 중에서도 용맹하고 지혜롭기로 소문난 김좌진과 홍범도가 각각 군대를 꾸려 일본군에 맞섰어요. 홍범도는 봉오동전투에서, 김좌진은 청산리전투에서 일본군을 상대로 크게 이겨 독립군의 위세를 널리 떨쳤습니다.

만주, 연해주 지역에서도 수십 개의 독립운동 단체가 활동하고 있었어요. 이곳의 독립군은 열악한 환경을 이겨 내며 오로지 독립에 대한 열망 하나로 일본에 맞서 싸웠어요.

김구는 임시정부에도 군대가 필요함을 느끼고 '광복군'을 창설했어요. 제2차 세계대전이 한창이던 이때, 광복군은 일본의 적국인 미국과 영국을 도와 작전을 수행하기도 했어요.

일제강점기

독립운동의 역사, 백범 김구

일본이 명성황후를 시해하고 조선을 차지하기 위해 노골적으로 이빨을 드러내던 때, 창수는 조선 곳곳에서 의병이 일어났다는 소식을 들었어요.

'그래, 의병이 되어 기울어 가는 나라를 구하자.'

창수는 의병 활동이 활발한 황해도로 가려고 길을 나섰어요. 그때 수상쩍은 사내가 그의 눈에 들어왔어요.

'한양 말을 쓰면서도 억양이 좀 이상한데……. 아니, 저건!'

그 사내는 두루마기 안에 기다란 일본 칼을 숨기고 있었어요.

'일본 사람이면서 왜 정체를 숨기는 걸까? 저놈이 혹시 명성황후를 죽인 놈인가? 아니어도 상관없다. 긴 칼을 숨기고 조선을 침략한 민족의 원수는 가만두지 않겠다!'

창수는 몸을 날려 사내를 걷어차고 목숨을 앗아 버렸어요.

그 사내는 일본군 장교였어요. 창수는 감옥에 갇혔어요. 그러나 감옥에서도 그는 당당했어요.

"한 나라의 황후에게 칼을 댄 자들이 내게 죄를 물을 자격이 있는

가?"

나라를 구하려는 패기로 가득 찬 젊은이 창수. 그가 바로 독립운동의 산 역사인 백범 김구입니다.

감옥에서 나온 후 김구는 독립운동에 뛰어들었어요. 비밀 조직을 꾸리고 독립운동 자금을 모으며 바쁜 나날을 보냈어요. 그럴수록 일본의 감시가 심해졌어요. 감옥에도 여러 번 갇혔어요.

김구의 어릴 적 이름이 '창수'야. 열아홉 나이에 동학의 우두머리를 맡을 정도로 지도력이 뛰어났어.

한번은 어머니가 서대문 형무소로 김구를 찾아왔어요. 아들의 수척한 얼굴을 바라보던 어머니가 슬픔을 삼키며 말했어요.

김구는 외국에서 가족과 떨어져 외로운 생활을 했어. 그래서 두 아들에게 자신이 걸어온 길을 알리기 위해 일기를 썼지. 이것이 〈백범일지〉야.

"나는 네가 어떤 벼슬을 한 것보다 기쁘단다. 너는 이제 이 나라의 아들이 되었구나."

김구는 조선에서는 제대로 된 독립운동을 할 수 없다고 판단하고 중국 상하이로 건너갔어요. 때마침 상하이에서는 3·1 만세운동의 여파로 '대한민국 임시정부'를 세우려는 움직임이 일었어요. 김구는 임시정부의 안창호를 찾아가 이렇게 말했어요.

"제가 임시정부의 문지기 역할이라도 하도록 해 주십시오."

"그게 무슨 소립니까. 선생 같은 애국 열사

'백범'이란 호는 가장 천한 신분인 '백정'과 보통 사람이라는 뜻의 '범부'에서 한 글자씩을 따서 만들어진 거야. 김구는 나라를 움직이는 건 특별한 사람이 아니라 낮은 계층의 평범한 사람이라고 생각했대.

가 문지기라니요."

안창호는 김구의 손을 덥석 잡았어요. 임시정부에 믿음직한 일꾼이 생겼으니까요. 김구는 안창호의 설득으로 임시정부의 경무국장을 맡았어요.

그러나 해가 갈수록 임시정부의 사정은 나빠졌어요. 해외 생활에 지친 사람들은 떠나갔고, 독립운동에 필요한 자금도 바닥났어요. 희망을 잃은 사람들은 일본의 앞잡이가 되기도 했어요.

김구는 마음을 다시 다잡았어요. 그리고 '한인애국단'이라는 비밀 단체를 만들어 결심이 단단한 사람들을 끌어모았어요.

한인애국단의 이봉창과 윤봉길은 폭탄을 들고 적진으로 뛰어들었어요. 이봉창은 일본 왕 히로히토에게, 윤봉길은 일본 왕의 생일 축하 잔치에 참석한 일본 관리들에게 폭탄을 던졌어요. 외국에서도 이 일에 큰 관심을 보이며 조선의 독립 의지에 지지를 보냈어요.

그럴수록 일본은 더 날뛰었어요. 독립운동가와 죄 없는 국민들까지 잡아가 잔인하게 고문하고 처형했어요. 백범에게는 어마어마한 현상

금이 붙었고, 임시정부는 계속 옮겨 다녀야 했어요.

그러나 김구는 싸움을 멈추지 않았어요. 흩어져 있는 독립운동 단체를 모으고 광복군을 만들었어요.

"대한민국 광복군은 세계 전쟁에 뛰어든 일본을 상대로 싸울 것이다. 자유를 사랑하는 여러 나라와 힘을 합쳐 일본의 침략을 멈출 것이다."

대한민국의 광복군은 세계의 관심을 받았어요. 제2차 세계대전에서 일본과 맞서 싸우던 연합군은 광복군을 정식 군대로 인정해 작전에 참가시켰어요. 김구의 오랜 노력이 결실을 맺을 날이 가까워 오는 것 같았어요.

"싸움은 이제 시작이다. 태극기를 앞세워 우리 손으로 일본을 물러나게 할 것이다. 우리가 싸워 얻은 자유만이 진짜 자유다!"

광복군은 독립을 위해 피나는 훈련을 했어요. 그러던 어느 날, 김구는 충격적인 소식을 들었어요.

"일본이 전쟁에서 패배하고 연합군에게 항복을 한답니다."

기쁨도 잠시, 김구는 우리 손으로 독립을 이루지 못했다는 사실에 울분을 토했어요.

언제 무슨 일이? 1940년 대한민국 광복군 창설
1945년 8월 15일 일본이 연합군에 항복

연합군은 일본에 원자폭탄을 떨어뜨렸어요. 더 버틸 수 없었던 일본은 마침내 항복을 선언했어요. 이로써 기나긴 35년의 식민지 시대가 끝나고, 조선은 해방을 맞았습니다.

6

광복과 분단

온 국민이 태극기를 들고 거리로 나와 만세를 불렀어. 그토록 소원했던 광복, 일제로부터 해방되었기 때문이야. 우리 땅을 짓밟던 일본인들이 돌아가고, 감옥에 갇혔던 독립운동가들이 풀려났어. 이제 우리 민족이 주인인 새 나라를 세울 희망을 품었지. 그런데 조선총독부에 걸려 있던 일장기가 내려가고, 대신 그 자리에 태극기가 아닌 미국 국기가 걸렸어. 어떻게 된 일일까?

반으로 잘린 나라

라디오에서는 일본 왕의 떨리는 목소리가 새어 나왔어요.

“대일본제국은…… 연합군에 무조건…… 항복하였음을 알리는 바이다…….”

마침내 일본이 전쟁에서 패배했어요. 사람들은 물밀 듯이 거리로 쏟아져 나왔어요. 누구라고 할 것 없이 목이 터져라 ‘대한 독립 만세’를 외쳤지요.

독립운동가들은 힘을 합쳐 새 나라를 만들 희망에 부풀어 있었어요. 그들이 머릿속에 그린 새 나라는 왕이나 황제가 다스리는 나라가 아니었어요. 신분의 차별이 없는 국민이 나라의 주인인 민주 국가를 세우는 게 꿈이었지요. 그러나 꿈을 위한 밑그림을 채 그리기도 전에 뜻밖의 일이 벌어졌어요.

“우리나라에 3 · 8선이 생겼다는데, 3 · 8선이 뭐요?”

“나라를 반으로 댕강 잘라서 북쪽은 소련군이 다스리고, 남쪽은 미군이 다스린다던데.”

“다스린다고? 미국과 소련이 우리를 해방시켜 주려던 게 아니었소?”

조선총독부에 걸려 있던 일장기가 내려가고 대신 미국 국기가 펄럭였어며, 거리는 일본군 대신 탱크를 끌고 온 미군들이 차지했어요. 뜻밖의 상황에 온 나라가 혼란에 빠졌어요.

얼마 뒤 미국과 영국, 소련 세 나라가 모스크바에서 한반도 문제를 논의하고, 이런 내용을 발표했어요.

김구는 스스로 일본군을 몰아내지 못한다면 또 다른 누군가가 우리나라를 차지할지도 모른다고 염려했어. 그 걱정이 현실이 된 거야. 미국과 소련은 우리 뜻과는 상관없이 그들의 이익을 위해 나라를 반씩 나누어 가졌어.

"남북한을 통틀어 새 임시정부를 세우고, 협의 하에 신탁 통치를 결정한다."

이 결정에 온 나라가 들끓었어요.

"신탁 통치는 식민지와 다름없다. 끔찍한 시절을 이제 벗어났는데, 다시 식민지가 되라는 말이냐! 신탁 통치 결사 반대!"

"먼저 남북한을 합한 새 임시정부를 세우자고 하지 않소. 남북으로 갈라져 있는 나라를 합쳐 통일된 정부를 세우는 일이 중요하니 무조건 반대할 일은 아닌 것 같소."

결국 의견이 갈리면서 한반도는 완전히 둘로 나뉘고 말았어요. 서로를 향해 폭력을 쓰는 일까지 생겼어요. 이 치열한 싸움은 오래 지속되면서 남과 북은 점점 더 다른 방향으로 나아갔어요.

그러던 중 이승만은 남쪽에서만이라도 선거를 해서 정부를 세우자고 발표했어요. 김구는 통일된 조국이 아니면 나라를 세우는 의미가 없다며 선거를 반대했어요. 그러나 미국의 적극적인 지원 아래 1948년 5월 10일, 3·8선 남쪽에서 선거가 치뤄졌어요. 그 결과 이승만을 대통령으로 하는 반쪽짜리 대한민국 정부가 탄생했어요.

뒤이어 3·8선 북쪽에서도 김일성을 주석으로 하는 '조선민주주의인민 공화국'이 세워졌어요. 이때부터 남한과 북한은 완전히 둘로 나뉘게 되었습니다.

언제 무슨 일이? 1948년 8월 15일 대한민국 정부 수립

해방 후 한반도는 3·8선을 기준으로 북쪽은 소련군, 남쪽은 미군의 지배를 받게 돼요. 남쪽과 북쪽 모두 새로운 나라에 대한 희망에 부풀었지만 서로 다른 가치와 이념에 부딪히면서 서로 다른 길을 걷게 되지요. 결국 한반도는 엄청난 혼란 속에서 각기 다른 정부를 세우게 된답니다.

역사 깊이 보기

친일파들은 어떻게 되었을까

해방과 동시에 한반도를 가로지르는 3·8선이 생겼어요. 북쪽은 소련군이, 남쪽은 미군이 다스리기 시작했지요.

미군에게 조선은 처음부터 '다스려야 할 작고 힘없는 나라'였어요. 때문에 대한민국 임시정부도, 새 나라를 세우겠다고 만든 '건국준비위원회'도 모두 인정하지 않았어요.

심지어는 조선에서 일하던 일본 관리들이 계속 일할 수 있도록 했어요. 일본이 항복 선언을 하면서 보복이 두려워 도망갔던 일본인들이 어느 틈엔가 다시 제복을 입고 일하게 된 거예요.

안도의 한숨을 내쉰 건 일본인만이 아니었어요. 일제강점기 때 일본 편에 서서 조국을 짓밟았던 친일파들이 이번에는 미국의 편에 섰어요. 일본의 편에 서서 높은 직위와 부를 차지했던 친일파들이 다시 높은 자리를 차지하고 떵떵거렸어요.

"나라 밖으로 쫓겨나는 줄 알았건만, 우리 없으면 나라가 돌아가지 않는다는 걸 아는군! 미국에 감사해야겠어."

대한민국 정부가 수립되고, 국회는 친일파를 청산하고자 '반민족 특별 처벌법'을 만들었어요. 그러나 이승만은 이 일에 적극적이지 않았어요. 이때, 친일파들은 자기들의 세력을 유지하려고 북한을 적으로 몰았어요. 그리고 그들과 싸우는 게 더 중요하다고 주장했어요. 독립운동가들을 빨갱이로 몰아 감옥에 가두거나 죽이기까지 했어요.

결국 우리는 친일파를 청산하지 못했어요. 식민지 시대에 생긴 우리 민족의 큰 상처. 그 상처는 아물었지만 친일파라는 커다란 흉터가 남았어요.

민족의 비극, 6·25 전쟁

1950년 6월 25일 새벽. 3·8선을 뚫고 북한 인민군의 탱크들이 남쪽으로 내려오면서 전쟁이 시작됐어요. 그러나 국민들은 전쟁이 일어난 사실을 모른 채 단잠에 빠져 있었어요. 뒤늦게 전쟁이 일어났다는 소식을 듣고 서울 시민들은 황급히 라디오를 켰어요. 라디오에서는 이승만 대통령의 침착한 목소리가 흘러나왔어요.

북한은 왜 전쟁을 일으켰을까? 이때 미국과 소련은 무척 사이가 좋지 않았고, 덩달아 남과 북의 사이도 긴장 상태였어. 북한의 김일성은 전쟁을 통해서라도 한반도를 하나로 통일하고, 자신들이 선택한 사회주의 체제를 전파하려고 했지.

"국민 여러분, 우리 국군이 북한 인민군을 상대로 승리를 거두고 있습니다. 동요하지 마시고 평소와 다름없이……."

시민들은 이승만 대통령의 말을 철석같이 믿었어요. 그러나 대통령의 말은 사실과 달랐어요. 북한 인민군은 무서운 속도로 서울을 향해 내려왔어요. 이승만 대통령은 이미 서울을 떠난 뒤였지요. 포탄 소리가 가까이 들려오자 그제야 서울 시민들은 피난 준비를 했어요.

"우리는 어디로 가는 거예요?"

아이들은 지게에 이불과 쌀을 싣는 아버지를 보며 물었어요. 이들처럼 전쟁을 피해 남쪽으로 내려가려는 사람들이 구름떼처럼 밖으로 나왔어요. 우여곡절 끝에 남쪽으로 가는 피난 열차에 몸을 실은 가족들은 한강철교 위에서 불안한 표정으로 한강을 바라보았어요.

얼마 뒤 국군이 한강철교를 폭파했어요. 인민군이 남쪽으로 내려오지 못하도록 하나밖에 없는 다리인 한강철교를 폭파시킨 거예요. 간신히 다리를 건너 온 사람들은 몸서리를 쳤어요.

인민군은 사흘 만에 서울을 점령했어요. 이승만 정부는 미국에 도움을 요청했지만 인민군의 기세는 엄청났어요. 두 달이 채 안 되어 경상

도 일부 지역을 뺀 나머지 지역을 인민군이 모두 차지했어요.

"국군의 작전권을 모두 미국에 드리겠습니다."

다급해진 이승만 정부는 미국에게 국군을 맡겼어요. 미국이 유엔에 함께 싸울 것을 제안하자 열다섯 나라에서 군대를 보내왔어요. 미국은 맥아더 장군을 내세워 인천상륙작전을 펼쳤고, 이 작전의 성공으로 서울을 되찾았어요. 압록강 부근까지 진격해 간 국군과 유엔군은 다시 엄청난 수의 중공군에 밀려 후퇴해야 했어요.

엎치락뒤치락하며 전쟁이 길어지는 동안 나라는 폐허가 되었어요. 부산은 하루아침에 집과 가족을 잃어 울부짖는 사람들, 부상으로 신음하는 사람들, 부모를 잃고 떠도는 아이들 등 전국에서 모여든 피난민들로 혼란스러웠어요.

남한과 북한은 3·8 선 근처에서 팽팽하게 대치했어요. 결국 유엔군 대표와 공산군 대표가 오랜 회담 끝에 1953년 7월 27일 판문점에서 휴전 협정을 맺었어요.

언제 무슨 일이? 1950년 6·25 전쟁 일어남

남한과 북한의 갈등이 점점 심해졌어요. 서로를 적으로 여기며 옥신각신하던 차에 결국 북한이 전쟁을 일으키지요. 남한은 미군과 유엔군이, 북한은 소련과 중국의 도움으로 전쟁을 치렀어요. 우리는 이 전쟁으로 같은 민족에게 총을 겨누는 비극을 경험해야 했습니다.

역사 깊이 보기

처참했던 부산 피난살이

이승만은 수도인 서울을 빼앗기자 부산을 임시 수도로 정했어요. 사람들은 전쟁을 피해 부산으로 내려갔어요. 부산은 하루에도 몇 번씩 기차와 배로 피난민들을 쏟아내 발 디딜 틈도 없었어요. 하지만 이들을 위한 집이나 음식, 일자리가 준비되어 있을 리 없었지요. 피난민들은 몸을 뉘일 판잣집을 짓고, 먹을 것을 찾기 위해 거리를 헤맸어요.

그중에서도 폭격에 다친 사람들, 제대로 치료 받지 못하고 제대한 군인들, 피난 중에 병을 얻은 노인과 아이들은 간단한 약조차 구할 수 없어 꼼짝 없이 앓으며 고통 받을 수밖에 없었어요.

육군 병원에서 일하던 의사 장기려는 이런 모습을 두고 볼 수 없었어요. 직장을 그만두고 부산 영도의 작은 창고를 빌려 '복음병원'을 세웠어요. 미국에서 모금한 돈과 유엔에서 보내준 약으로 사람들을 무료로 치료해 주기 시작했지요.

예상대로 병원은 치료를 받으려는 환자들로 들끓었어요. 병원 앞은 진료를 받기 위해 환자들이 길게 줄을 섰지요. 무료로 진료해 주는 병원이 생겼다는 말에 몇날 며칠을 걸어와 치료를 받는 사람도 있었어요. 환자들이 넘쳐나자 유엔의 도움을 얻어 천막을 더 지어 병실을 넓혀 가기도 했어요. 장기려의 희생정신으로 마련된 병원은 피난민들의 고달픈 삶에 작은 희망이 되어 주었어요.

찢어지게 가난하고 누구라도 고통스러워 신음하던 때에 전쟁으로 부모를 잃은 아이들 또한 어린 나이에 비참한 생활을 마주하게 돼요. 권정생의 소설 〈몽실 언니〉에는 이러한 전쟁의 아픔과 가난으로 인한 시련이 잘 그려져 있어요.

한눈에 보는 역사 수다

1392년
고려 멸망,
조선 건국

1394년
한양으로
도읍을 정함

1416년
4군 설치

1443년
훈민정음 창제

1446년
훈민정음 반포

1776년
규장각 설치

1811년
홍경래의 난

1860년
최제우,
동학 창시

1861년
김정호,
대동여지도 제작

1863년
고종 즉위,
흥선대원군
집권

1875년
운요호 사건

1876년
강화도 조약
체결

1882년
임오군란

1884년
갑신정변

1894년
동학농민운동

1950년
6·25 전쟁

1972년
7·4 남북
공동 성명

1988년
서울 올림픽
개최

1485년 경국대전 완성

1592년 임진왜란 발발, 한산도 대첩

1593년 행주 대첩

1610년 동의보감 완성

1627년 정묘 호란

1636년 병자 호란

1645년 과학, 천주교 등 서양 서적 전래

1678년 상평통보 사용

1895년 을미사변

1896년 아관파천, 독립협회 설립

1898년 만민 공동회 개최

1905년 을사늑약

1910년 국권 피탈

1919년 3·1 운동

1932년 이봉창, 윤봉길 의거

1940년 일제의 민족 말살 정책 강화

1945년 8·15 광복

1948년 대한민국 정부 수립

조선의 건국과 황금기

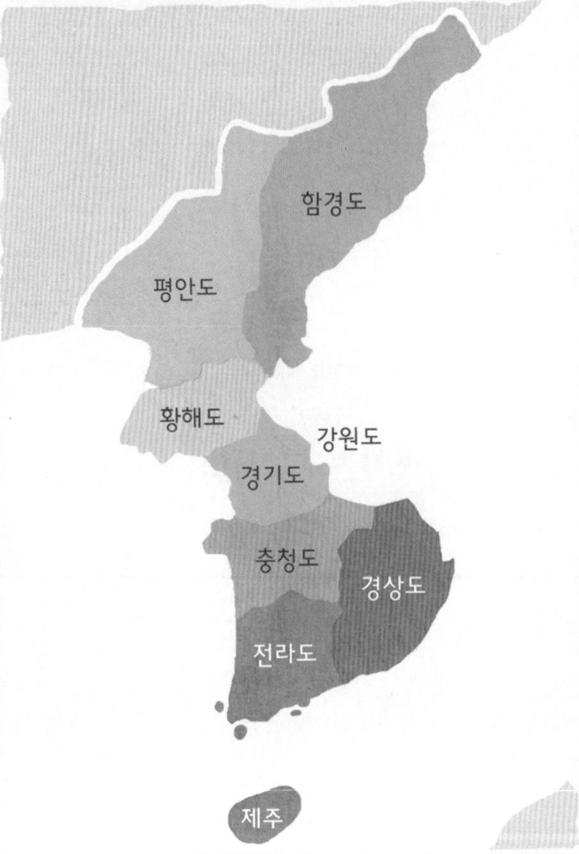

▲ 지금과 거의 비슷한 조선의 행정구역

조선의 왕과 신하들은 조선을 고려와는 다른 나라로 만들겠다고 다짐했을 거야. 새로운 나라를 위해 나라의 제도를 다시 세우고 다듬는 데 온 힘을 쏟았지. 이런 토대 위에서 세종 때에 문화와 과학이 크게 발전하게 돼. 뒤이어 조정에서 붕당정치를 하며 세력 다툼도 일어나지만 이 또한 나라가 발전하기 위해 제도와 사상을 갖추어 가는 단계로 볼 수 있어.

선사 시대 | 고조선 | 삼국 시대 | 남북국 시대 | 고려

1392년
고려 멸망
조선 건국

1394년
한양으로
도읍을 정함

조선 초기의 왕들

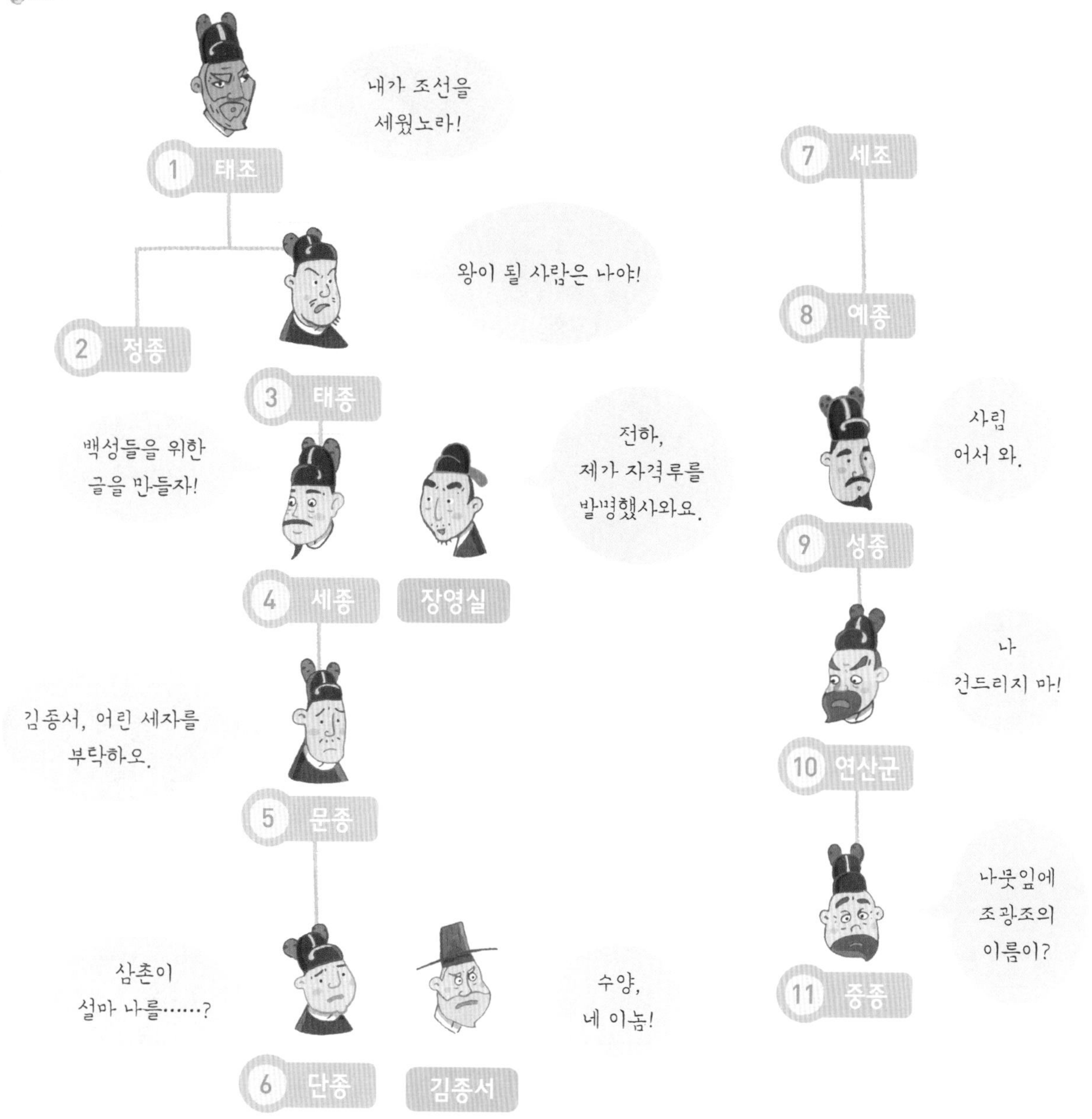

조선

- 1416년 4군 설치
- 1443년 훈민정음 창제
- 1446년 훈민정음 반포
- 1485년 경국대전 완성

외세의 침략

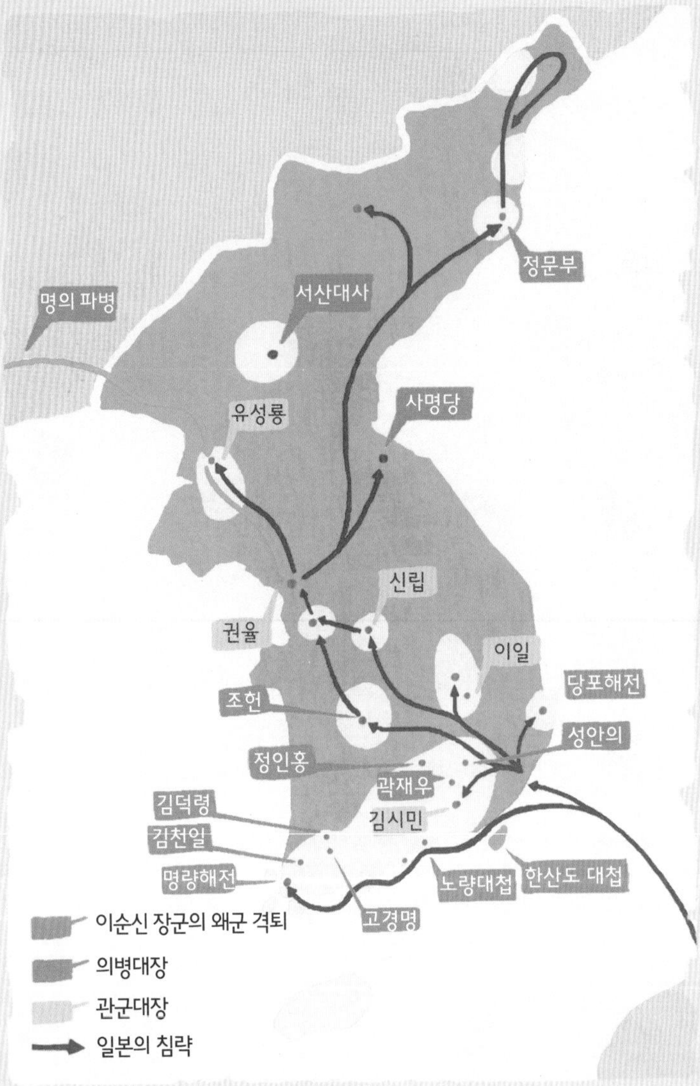

▲ 임진왜란

일본이 조선에 쳐들어오면서 시작된 전쟁을 임진년에 벌어졌다고 해서 '임진왜란'이라고 해. 당시 임금이었던 선조는 피난길에 오르고, 결국 왜군에 맞서 우리 땅과 백성을 지킨 건 농민, 승려, 노비 같은 의병들이었어. 또한 이순신, 권율 같은 뛰어난 장군들이 앞장 선 덕에 7년의 긴 전쟁이 끝이 나지.

1592년 임진왜란 발발, 한산도 대첩

1593년 행주대첩

왜란과 호란 시기의 왕들

조선

1610년 동의보감 완성

1623년 인조 반정

1627년 정묘 호란

1636년 병자 호란

새로운 문화가 싹트다

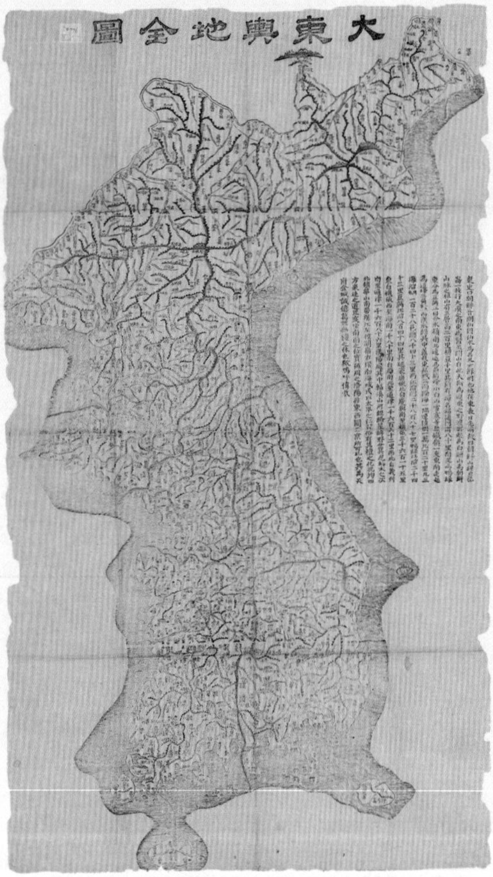

▲ 대동여지도를 줄여 만든 대동여지전도

전쟁이 끝나고 조선 사람들은 부지런히 삶을 꾸려나갔어. 농업과 수공업, 상업이 크게 성장하면서 조선에는 큰 변화가 일지. 실학자들은 삶에 유용하게 쓰일 학문을 연구하게 되고, 백성들의 의식도 조금씩 깨어 다양한 문화에 백성들의 목소리가 담기게 돼. 화려하게 꽃피는 문화 속에서 당시 현실을 비판하는 모습이 엿보이는 건 바로 이런 이유 때문이야.

조선

1645년
과학, 천주교 등
서양 서적 전래

1678년
상평통보 사용

영·정조 시대

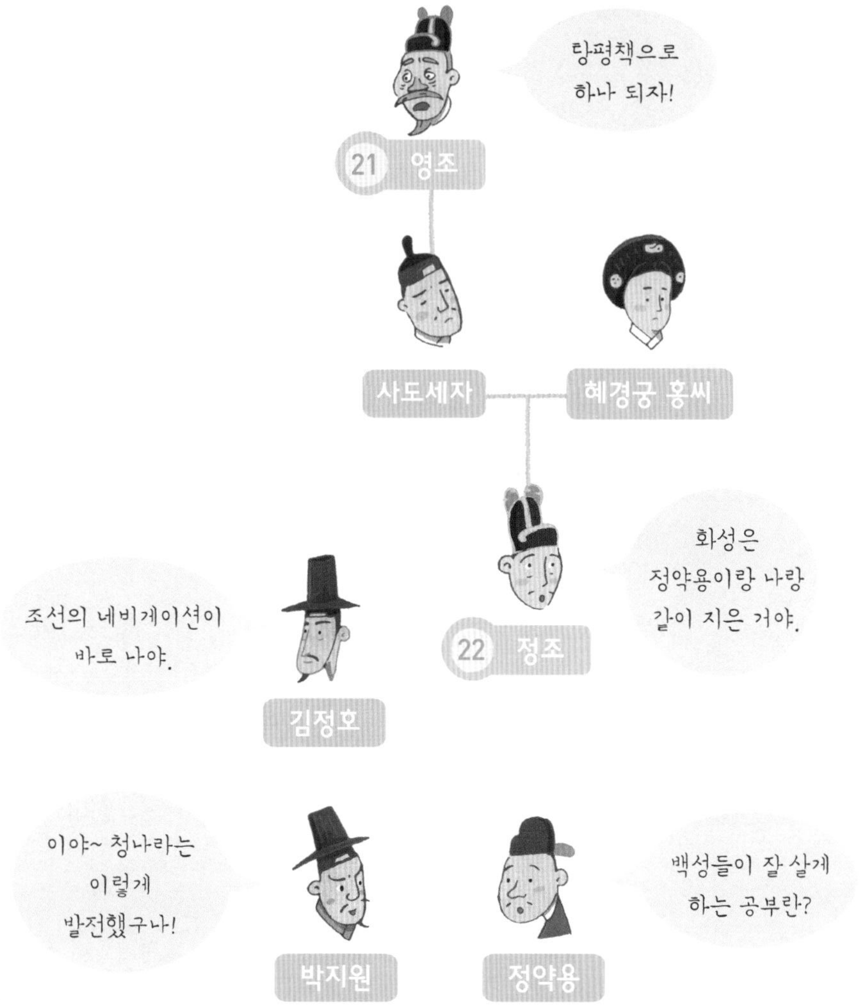

1776년
규장각 설치

1811년
홍경래의 난

1860년
최제우, 동학 창시

1861년
김정호,
대동여지도 제작

척화와 개화의 줄다리기

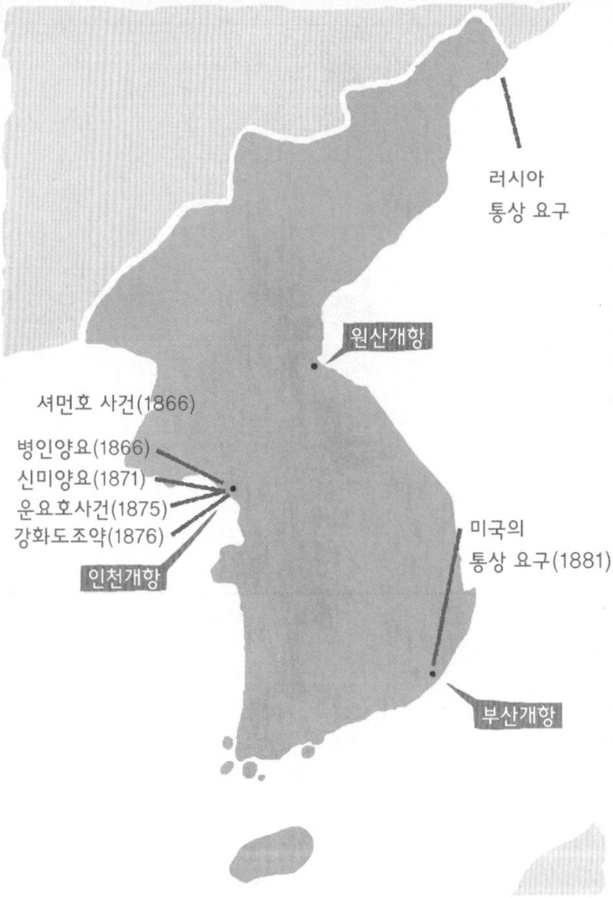

▲ 나라의 개방

19세기, 서양의 힘센 나라들이 아시아를 넘보기 시작해. 그러나 흥선대원군은 나라를 개혁하며 대신 외국에는 문을 열지 않겠다고 단호히 맞서지. 그러나 그의 아들 고종과 명성황후는 변화하는 세상을 받아들여야 나라가 강해진다고 생각했어. 그러나 준비가 부족한 상황에서 밀려오는 외국 세력을 받아들이기에는 역부족이었지. 여러 나라가 조선의 문화, 경제에 간섭하며 조선을 차지하려 군침을 흘려. 그 중에서도 일본은 왕비를 살해하는 등 노골적으로 조선을 침탈할 욕심을 드러내.

1863년
고종 즉위,
흥선대원군 집권

1875년
운요호 사건

1876년
강화도 조약 체결

1882년
임오군란

외세 침략기의 왕들

- 1884년 갑신정변
- 1894년 동학농민운동
- 1895년 을미사변
- 1896년 아관파천, 독립협회 설립
- 1898년 만민 공동회 개최

식민 통치에 맞선 독립 운동

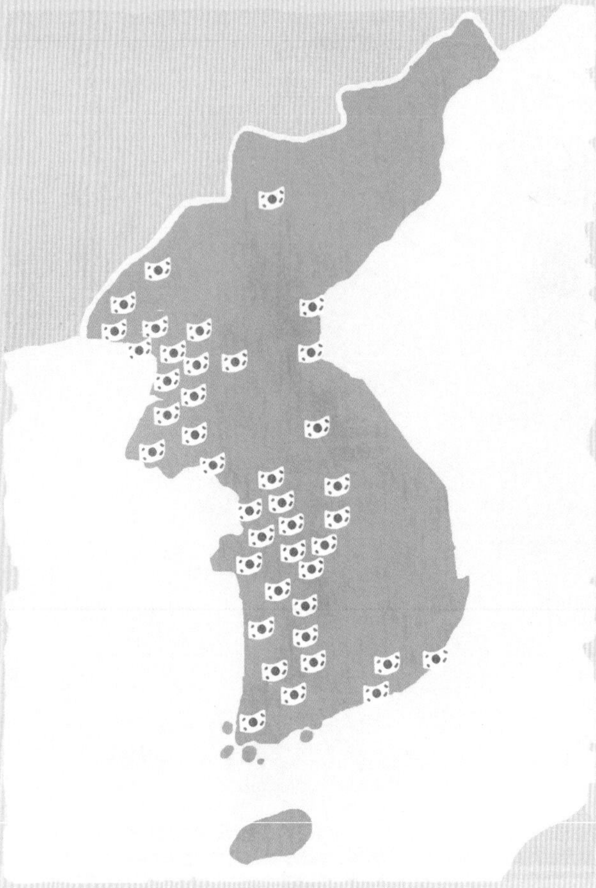

▲ 3 • 1 운동의 중심지

일본은 결국 1905년 을사늑약과 1910년 한일병탄조약을 강제로 체결하며 조선을 식민지로 만들어. 조선인들은 차별받고 빼앗기며 비참한 식민지 생활을 하게 되지만 3 · 1 만세 운동이 일어나는 등 저항의 목소리도 점차 높아져. 세계 대전에 뛰어든 일본은 더 가혹하게 조선을 이용하며 '민족말살정책'을 펴고 조선인 중에는 일본의 꼭두각시 노릇을 하며 이익을 얻는 친일파도 생겨난단다. 우리 민족에게 암흑과 같았던 일제강점기는 일본이 연합군에 항복을 선언하면서 하루아침에 끝나게 돼.

1905년 을사조약

1910년 국권 피탈

나라를 되찾기 위해 노력한 사람들

일제강점기 | **대한민국**

- 1919년 3·1 운동
- 1932년 이봉창, 윤봉길 의거
- 1940년 일제의 민족 말살 정책 강화
- 1945년 8·15 광복

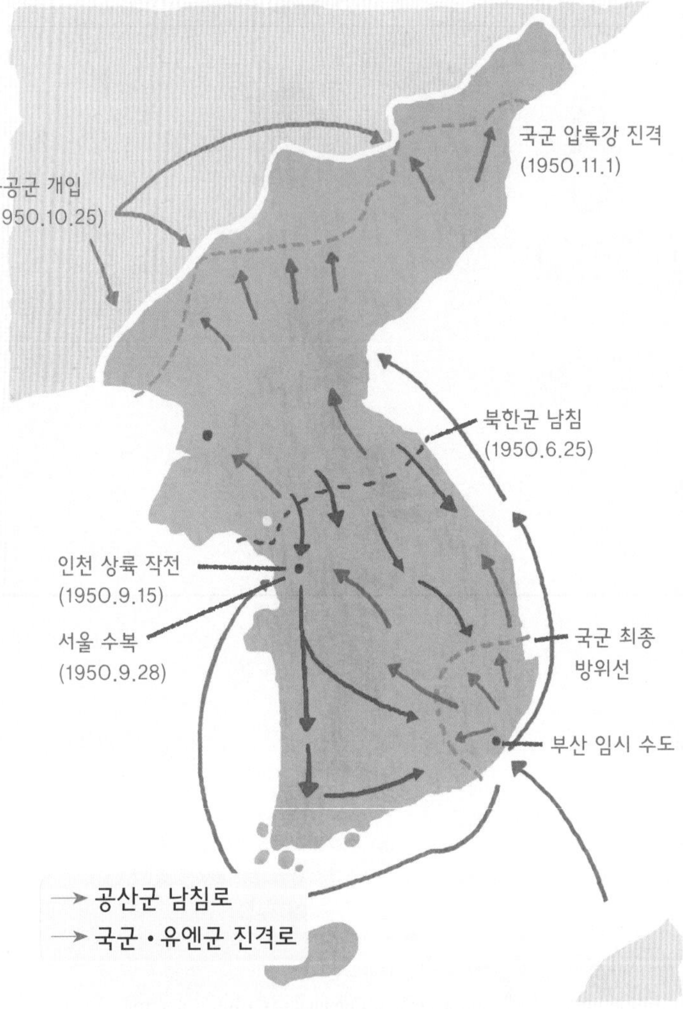

▲ 6 • 25 전쟁의 모습

전쟁은 끝나지 않았어. 잠시 전쟁을 멈추기로 한 '휴전' 상태일 뿐이지. 이후로 대한민국과 북한은 너무 다른 길을 가게 되었어. 50년이 넘는 시간 동안 서로 갈등을 좁혀 나가지 못했지.

▲ 분단된 지금의 모습

이런 분위기를 바꾸어 김대중 대통령과 북한의 최고 지도자인 김정일 국방위원장은 손을 잡고 평화 통일을 약속하기도 했어.

여전히 통일은 우리에게 남겨진 큰 숙제란다. 서로의 차이를 존중하며 평화롭게 남과 북이 하나가 되는 날을 생각해 봐. 그 날을 앞당기려면 우리는 무얼 해야 할까?